Ullstein

ÜBER DAS BUCH:

Erfolgreich leben, mehr erreichen, lange gesund bleiben, eine glückliche Partnerschaft führen, Krisen spielend bewältigen: das wünscht sich jeder, aber nicht
jedem ist es vergönnt.
Neue Forschungsergebnisse beweisen, daß im Gehirn entschieden wird, was
man im Leben erreicht. Wer früh damit beginnt, den komplizierten Denkapparat
intensiv zu fordern, der wird zwangsläufig erfolgreich, bleibt glücklich, länger
gesund und im Alter in Hochform. Einige Forscher glauben sogar, daß Kopftrai-
ning Krankheiten wie zum Beispiel Krebs vorbeugend bekämpfen kann. Unstrit-
tig ist inzwischen, daß mentales Training die Durchblutung nachhaltig fördert
und die klassischen Risikofaktoren des Alters mindert.
Der Autor befaßt sich seit Jahren mit dem Phänomen der mentalen Leistungsstei-
gerung und den Möglichkeiten psychisch gesteuerter Krisenbewältigung. In diesem Buch erklärt er leicht verständlich, wie jeder – ob ungelernt oder Akademiker – seine Denkkraft steigern kann. Unzählige Übungen machen das Buch zu
einem »Muß« für jeden, dem seine eigene Zukunft nicht vollkommen egal ist.

DER AUTOR:

Hauke Brost arbeitet als Journalist und Psychotherapeut in Hamburg. Millionen
Leser kennen seine Illustriertenserien über medizinische Spezialthemen. Von
Ärzte-Symposien in aller Welt berichtet er über neue Erkenntnisse zur Steigerung
der geistigen Leistungsfähigkeit.

Hauke Brost

Jogging für den Kopf

So werden Sie noch intelligenter
So machen Sie schnell Karriere
So bleiben Sie topfit
So leben Sie noch glücklicher

Ullstein

Ratgeber
Ullstein Buch Nr. 35564
im Verlag Ullstein GmbH,
Frankfurt/M – Berlin

Ungekürzte Ausgabe
auf Grundlage der 7. Auflage

Umschlaggestaltung:
Vera Bauer
Unter Verwendung einer Illustration
von Marion Brandes
Alle Rechte vorbehalten
Taschenbuchausgabe mit
freundlicher Genehmigung der
F. A. Herbig Verlagsbuchhandlung
GmbH, München
© 1993 by F. A. Herbig Verlags-
buchhandlung GmbH, München
Printed in Germany 1996
Druck und Verarbeitung:
Clausen & Bosse, Leck
ISBN 3 548 35564 1

Januar 1996

Vom selben Autor
in der Reihe
der Ullstein Bücher:

Herztraining (34963)

Die Deutsche Bibliothek –
CIP-Einheitsaufnahme

Brost, Hauke:
Jogging für den Kopf: so werden Sie
noch intelligenter; so machen Sie
schnell Karriere; so bleiben Sie topfit/
Hauke Brost. – Ungekürzte Ausg. auf
Grundlage der 7. Aufl. –
Frankfurt/M; Berlin: Ullstein, 1996
   (Ullstein-Buch;
   Nr. 35564: Ratgeber)
   ISBN 3-548-35564-1
NE: GT

*Mit Dank an Ingrid Wellhausen, die ihre
Freizeit mit dem Korrekturlesen des Manuskriptes
verbrachte und dabei gehirnjogging-süchtig wurde.*

Inhalt

Vorwort

Hallo Sie, mit diesem Buch in der Hand. Sie sind noch ziemlich jung, nicht wahr?
Wie jung Sie sind, spielt keine Rolle. Wenn Sie einiges hinter sich und noch ganz viel vor sich haben: *Dann* sind Sie jung. Ob sie 30 – oder 70 sind.
Ans Älterwerden denken Sie vermutlich nicht so oft; das tut kaum jemand. Aber wenn Sie in wenigen Sekunden zwei kleine Geschichten über zwei ganz verschiedene Menschen jenseits der 80 lesen – dann überlegen Sie doch mal, welche der beiden Geschichten Ihnen besser gefällt.

Die erste Geschichte:
Das Leben der Rentnerin Anneliese K.

Die 84jährige Rentnerin Anneliese K. lebt in einem Altenheim in München. Ihr Tag ist einsam, die Nächte ziehen sich endlos hin.
Frau K.'s Welt ist klein. Sie besteht aus dem Zimmer mit Waschbecken und Schwarz-Weiß-Fernseher, dem langen Flur, auf dem man auf und ab gehen kann, und aus dem Eßraum. Auch Frau K.'s Gedankenwelt ist klein geworden. Da ist die Erinnerung an die frühe Kindheit; was dann kam, versinkt ganz langsam im Nebel der Gedächtnislücken.
Am Tagesgeschehen nimmt Frau K. eigentlich nur

aus Langeweile teil. Sie blättert ein bißchen in der Zeitung, und der Fernseher läuft ja ohnehin.

Nicht nur die Beine sind schwer geworden. Auch der Kopf hat seine liebe Not. Details begreifen, Tatsachen neu ordnen, eigene Konsequenzen daraus ziehen – kurz alles, was zum Begreifen von Sachverhalten und zur Bildung einer eigenen Meinung notwendig ist –, das fiel Frau K. schon mit 70 schwer, und jetzt erst recht. Man wird halt älter, was soll's.

Ab und zu kommen die Kinder zu Besuch. Gute Kinder, keine Frage. Aber sich mit der Oma zu unterhalten ist doch ziemlich mühselig. Sie vergißt so viel. Manchmal sogar die Geburtstage ihrer Enkel. Und jedesmal fragt sie das gleiche. Daß der Große schon vor zwei Jahren aufs Gymnasium kam und fleißig Latein pauken muß, das hat sie immer noch nicht begriffen. Und ein Gespräch über aktuelle Dinge außerhalb der Familie? Mit Oma ganz unmöglich. Man müßte viel öfter ins Altenheim fahren, aber eigentlich ist es nur eine lästige Pflichtübung.

So lebt – oder besser: vegetiert – die alte Dame vor sich hin und wartet auf ihren Tod. Na – wie gefällt Ihnen diese Geschichte?

Die zweite Geschichte:
Das Leben der Rentnerin Hilda B.

Hilda B. ist auch 84. Sie hat eine kleine Wohnung im Haus ihrer Tochter. Auch Frau B.'s Beine wollen nicht mehr so recht. Aber im Kopf, da ist sie noch hellwach.

Mit 70 hat Frau B. angefangen, ein Buch zu schreiben. Wie man so was macht, davon hatte sie früher keine Ahnung. Aber im Alter, als sie von niemandem mehr so recht gebraucht wurde, da hatte sie das Gefühl: meine eigene Kindheit, die könnte doch eine Menge Leute interessieren. »Ich wag' es – ich schreib' alles auf – ich mach' ein Buch draus!« So redete die alte Frau B.

Kinder, Nachbarn, die wenigen Freunde, die man im Alter noch hat: die tippten sich alle (mehr oder weniger sichtbar) an die Stirn. Ein Buch? In dem Alter? Kann doch wohl nicht wahr sein.

Hilda B. schrieb zwei Jahre an dem Buch, und sie schrieb mit steiler, etwas zittriger Handschrift. Jeden Abend las sie ihrem Mann daraus vor. Und irgendwann war das Buch tatsächlich fertig. Man kann sich vorstellen, was für ein Gefühl das war für die alte Frau B. Einfach toll.

Sie ließ das Manuskript von einer Nachbarin abtippen, die eine Schreibmaschine hatte. Einen Verlag suchte sie sich selbst. Sie mußte für das Buch bezahlen, ziemlich viel sogar – weil die zu erwartende Verkaufszahl doch ziemlich gering war und sich der Verleger kein Geschäft davon versprach –, aber das störte sie nicht. Sie wollte ihr Buch gedruckt sehen. Und dafür war ihr kein Betrag zu schade, soweit die Rente eben reichte.

Bleiben wir noch ein bißchen bei Hilda B. Sie hat im hohen Alter nicht nur ein Buch geschrieben (»Geschichten wie aus einer anderen Welt« heißt es übrigens). Zwar ist auch ihre Welt (räumlich gesehen) ziemlich klein. Aber ihrem Kopf steht doch die ganze Welt offen.

Wehe, man stört sie während der Tagesschau! Wehe, sie verpaßt einen Tag lang die Frankfurter Allgemeine, dann fehlt ihr was! Die FAZ liest sie von vorn bis hinten. Genug Zeit hat sie ja.

Es wird Sie nicht verwundern, daß Hilda B. ganz selbstverständlich die Geburtstage ihrer acht Enkel herunterbeten kann. Natürlich ist sie im Bilde, was auf der SPIEGEL-Bestsellerliste oben steht, und auch wenn es ein bißchen dauert – sie wird es lesen, irgendwann.

Im Leben dieser alten Dame gibt es noch jede Menge Höhepunkte. Ein paar tausend Leute haben ihr Buch tatsächlich gekauft, auch wenn der Verleger nicht dran glauben mochte. Daraus entwickeln sich ganz neue soziale Kontakte. Neulich zum Beispiel wurde sie zu einer Autorenlesung eingeladen. Der Gang zum Rednerpult fiel ihr schwer, die Beine...

Aber klar und deutlich drang ihre Stimme dann durch den Saal. Sie verhaspelte sich nicht ein einziges Mal. Nach der Lesung beantwortete sie die Fragen ihrer Zuhörer mit analytischer Brillanz. Es fiel ihr nicht schwer, sich blitzschnell auf immer neue Fragen einzustellen. Und die Leute, die da fragten und klatschten, die waren voller Bewunderung. 84 – und noch so fit!

Na – wie gefällt Ihnen diese Geschichte? Schon besser, oder?

Zwei Frauen. Beide gleich alt. Die eine hat, gelinde gesagt, nicht mehr viel vom Leben. Die andere aber ist wacher, als viele Frauen es mit 30 oder 40 sind. Hilda B.'s »Denkmaschine« läuft im Alter wie ein guter Diesel. Rund, zuverlässig und ohne jeden Ölverlust.

So könnte es noch Jahrzehnte weitergehen, und jeder Tag ist ein Gewinn...

Was ist der Unterschied zwischen den beiden Frauen? Wieso ist die eine so vergreist und die andere so fit? Und überhaupt: Warum vergammeln manche Rentner ihre letzten Jahre auf irgendeiner Parkbank, während andere noch mit weit über 70 neue spannende Aufgaben anfassen? (Zum Beispiel, als in den neuen Bundesländern jede Menge Fachkräfte gebraucht wurden!)

Aber reden wir nicht nur vom Älterwerden.

Warum klagt heute schon jeder dritte 30jährige darüber, daß sein Gedächtnis nachläßt? Warum traut sich der eine mit 40, im Job noch mal so richtig durchzustarten, während der andere schon froh ist, wenn er seinen Posten in diesem Alter überhaupt behält?

Andersrum gefragt. Warum haben manche Menschen schon mit 50 die Mentalität eines Rentners, während sich andere 50jährige gerade erst für die schönsten Jahre des Lebens so richtig warmlaufen? Jeder weiß doch, daß die Zeit zwischen 40 und 60 die schönste sein kann. Man ist endlich alt genug, um die Dinge zu sehen, wie sie sind – aber man ist jung genug, um sie noch zu ändern. Manche tun's. Manche lassen's. Warum?

Irgendwie muß das *Gehirn* dabei eine wichtige Rolle spielen. Vermutlich sogar die Hauptrolle. In den Nebenrollen finden wir Eigenschaften wie Ehrgeiz, Neugier, Selbstbewußtsein, äußere Einflüsse, Zufall, Glück oder Pech, Erbanlagen usw.

Konzentrieren wir uns aufs Gehirn.

Über diese gigantische Denkmaschine weiß man noch lange nicht alles, denn ans Gehirn haben sich die Ärzte zu allerletzt rangetraut. Im Jahr 1991 machte das Gehirn zwar Schlagzeilen, als zwei Göttinger Forscher für Untersuchungen, die mit der Übermittlung von Befehlen zwischen Gehirn und Muskeln zu tun hatten, den Nobelpreis bekamen. Kurz vorher aber wurde wissenschaftlich bewiesen:

● Das Gehirn läßt sich spielend leicht trainieren.

● Das Gehirn arbeitet tatsächlich wie eine Maschine. Es rostet, wenn es nichts zu tun kriegt.

● Die Tätigkeit des Gehirns läßt sich durch bestimmte Heilmittel anregen, so wie ein Motor mit Ölzusätzen eine besonders hohe Lebensdauer erreichen kann.

● Das Gehirn ist (auf ziemlich komplizierten Umwegen, die viel mit der menschlichen Chemie zu tun haben) sogar mitverantwortlich für die Lebensdauer eines Menschen.

● Das heißt, simpel ausgedrückt: wer seinen Grips anstrengt, der lebt nicht nur glücklicher, sondern auch länger.

Und das ist eine Sensation, die eigentlich auch den Nobelpreis verdient hätte.

Sie werden in diesem Buch erfahren:

● wie das alles funktioniert und zusammenhängt;

● was Sie tun können, um Ihr Gehirn in Schwung zu halten (viel Einsatz gehört gar nicht mal dazu);

● warum Sie möglichst schon mit 30 damit anfangen sollten;

● warum es aber auch mit 70 noch nicht zu spät sein muß;

● warum die Wissenschaftler neuerdings ganz offiziell von einem neuen Sport reden: dem *Gehirnjogging*.

Denn genau darum geht es. So wie Sie Herz und Kreislauf (wenn Sie schlau sind) mit regelmäßigem Sport auf Vordermann bringen und halten, so können Sie auch Ihr Gehirn durch regelmäßiges Training zu Leistungen bringen, die Sie sich heute vielleicht noch gar nicht vorstellen können.

Wie wär's: Wollen Sie mehr vom Leben haben? Mehr be-

greifen? Besser und erfolgreicher als Ihr Kollege sein? Besser und ausgeruhter aussehen? In den Nächten besser schlafen, die Tage mehr genießen, zu einer besseren Partnerschaft fähig sein, unter weniger oder keinen Wehwehchen leiden, einfach glücklicher und länger leben?
Einmal mit Ja geantwortet – und schon sind sie reif fürs einzige Jogging, das Sie im Wohnzimmer machen können. Fürs Gehirnjogging.

1 Wie die »Denkmaschine« funktioniert

Hier war schon die Rede von der blöden Vergeßlichkeit. Nichts ist peinlicher, als wenn man auf der Straße fröhlich von einem Wildfremden begrüßt wird – und sich einfach nicht mehr daran erinnern kann: woher kennst du den bloß?

Vergeßlichkeit – also die Fähigkeit, irgendeine Information *nicht* im Gehirn zu speichern – hat zwar ihr Gutes. Und damit fangen wir gleich mal an. In jeder Sekunde kommen im Gehirn zehn Millionen (!) einzelne Eindrücke an. Zehn Millionen Informationen müßten gespeichert, sortiert und abgelegt werden, wenn sich das Gehirn alles, aber auch alles merken wollte. Pro Sekunde!

Die Zahl erscheint Ihnen hoch? Dann überlegen Sie doch mal, was das für Informationen sind. Auge, Ohr, Nase, Haut nehmen sie auf. Dazu alle Informationen, die aus dem eigenen Körper kommen (Gefühle, Erinnerungen, Eindrücke, Schmerzen, Wohlbefinden usw.).

Zehn Millionen pro Sekunde – selbst für die gigantische Denkmaschine namens Gehirn ist das nicht zu schaffen. Und darum ist die Gabe der Vergeßlichkeit eine durchaus sinnvolle. Wenn sie im Rahmen bleibt.

Das menschliche Gehirn unterscheidet klug (und ganz von selbst) zwischen drei verschiedenen Arten von Informationen, die auf uns einprasseln. Es hat dafür drei verschiedene Speicher parat. Je nach Wichtigkeit wird eine Information in Speicher 1, 2 oder 3 abgelegt.

Da ist zunächst einmal Speicher 1, das sogenannte »Ultra-kurzzeitgedächtnis«. Wenn Sie einen längeren Satz hören und in der Lage sind, ihn en bloc zu begreifen – dann nur deshalb, weil der Anfang des Satzes in Speicher 1 steckt, während Sie auf das Ende des Satzes warten.

Wenn Sie auf einem Aussichtspunkt stehen und einen Rundumblick genießen – dann haben Sie das Panorama auf ihrer linken Seite in Speicher 1, während Sie sich nach rechts drehen.

Speicher 1 ist so eine Art Durchgangsstation. Sie speichert Informationen nach dem Motto: Man weiß ja nie, wozu man sie noch mal braucht. Eben gehört – erst mal abspeichern; löschen können wir's immer noch.

Speicher 1 hat die höchste Aufnahmekapazität von allen drei Speichern. Aber: fünfzehn Sekunden, und der Speicher wird gelöscht.

Es sei denn – die Information ist so gut, daß sie aufgehoben werden soll, dann wandert sie automatisch in Speicher 2. Der trägt den Namen: das Kurzzeitgedächtnis.

Also: Der lange Satz, den Sie gerade gehört hatten, ist von einer gewissen Bedeutung. Sie brauchen ihn noch. (Vielleicht, um drauf zu antworten.) Oder: Der Rundblick ist so schön, daß es schade wäre, ihn gleich wieder zu vergessen... Ab damit in Speicher 2!

Aber auch Speicher 2 hat nur eine begrenzte Kapazität. 24 Stunden sind sein Maximum. Danach gibt es zwei Möglichkeiten: löschen – oder ab in Speicher 3.

Speicher 3 ist das Langzeitgedächtnis. Das große Text- und Foto-Archiv, das jeder von uns im Kopf mit sich herumträgt. Wenn Oma K. (die aus dem Vorwort) sich noch sehr gut an ihre Kindheit erinnert, aber die Tagesschau-Themen von gestern nicht mehr weiß – dann funktioniert ihr Speicher 3 in Teilen noch ganz gut, aber Speicher 2 hat seine Lücken.

Übung: Machen wir mal einen kleinen Test. Schauen Sie auf die Uhr. Mit wem genau haben Sie sich vor exakt 24 Stunden unterhalten? Zehn Sekunden Zeit zum Nachdenken!

Wissen Sie nicht mehr? Nun, das könnte auf gewisse Schwächen im Bereich des Speichers 2 schließen lassen. Diagnose: Sie sind ein Muß-Kandidat fürs Gehirn-Jogging.

Übung: Gegenprobe. Falls Sie nachher noch Auto fahren: Versuchen Sie, sich das erste Autokennzeichen zu merken, an dem Sie vorbeifahren. Wählen Sie ein x-beliebiges aus (also nicht AA 777 oder so). Sie dürfen sich mit einer kleinen Eselsbrücke helfen – und ab damit in Speicher 2. Können Sie es nach vier Stunden noch blitzartig und exakt abrufen? Wenn nicht – gehirnjoggen, aber dringend.

Übung: Dritter Test. Der dauert etwas länger, weil er Ihr Langzeitgedächtnis fordert. Blättern Sie zum Vorwort dieses Buches zurück. Dort finden Sie den Satz: »So wie Sie Herz und Kreislauf (wenn Sie schlau sind) mit regelmäßigem Sport auf Vordermann bringen und halten, so können Sie auch Ihr Gehirn durch regelmäßiges Training zu Leistungen bringen, die Sie sich heute vielleicht noch gar nicht vorstellen können.« Lernen Sie diesen Satz auswendig. Auch dabei dürfen Sie sich Hilfsmittel suchen (laut vorsagen? Ein paarmal wiederholen? Aufschreiben?). Auf jeden Fall müssen Sie diesen Satz übermorgen um dieselbe Zeit noch wortwörtlich wiederholen können (ohne Spickzettel). Sie ahnen es schon: Das ist der Text für Spei-

cher 3, den Langzeitspeicher. Nicht bestanden?
Reif für... na, Sie wissen schon.

Sie haben nun schon einiges über die Arbeitsweise des Gehirns gelernt. Fassen wir zusammen: Die drei Speicher des Gehirns haben drei verschiedene Funktionen — kurz, mittel, lang —, und was immer wir wahrnehmen, wandert über 1 und 2 vielleicht bis 3.

Wir *vergessen* auf dem Weg von 1 bis 3. Wer weniger vergessen will, wer sein Gedächtnis also schulen will — und das ist eines der Ziele des Buches, das Sie gerade lesen —, der muß die Speicherkapazität von 2 und 3 ausbauen (1, Sie werden sich daran noch erinnern, hat ohnehin genug freie Kapazität).

Das Gedächtnis des Menschen wohnt in der Großhirnrinde, die ungefähr drei Millimeter dick ist. In dieser Schicht liegen ungefähr zehn Milliarden Nervenzellen. Sie heißen Neuronen und sind wie Computer miteinander verdrahtet.

Stellen wir uns jetzt einmal vor, irgendein Eindruck, eine Information, ein Bild, ein Ton, ein Gefühl, ein Geruch, ein Wort, ein Satz oder ein Kuß — irgend etwas kommt im Gehirn an.

Mit der aberwitzigen Geschwindigkeit von 300 Stundenkilometern wird die Information nun in einen elektrischen Impuls umgewandelt. (Er ist ganz schwach; ungefähr eine Million Mal schwächer als der Strom, der aus der Steckdose kommt.)

Aber er reicht aus, um einen der Abermillionen Nervenstränge entlangzurasen und nach Millisekunden auf eine »Umschaltstelle« oder »Weiche« zu stoßen. Die nennt man übrigens Synapse, aber das brauchen Sie sich nicht zu merken. Dort angekommen, setzt der Elektro-Impuls einen Botenstoff (Neurotransmitter) frei – und der codiert die Information chemisch und legt sie, mit Eiweißbausteinen versehen, im »Archiv« des Gedächtnisses ab.

Verwirrend? Nur auf den ersten Blick. Fassen wir noch einmal zusammen, und benutzen wir dabei ein ganz einfaches Beispiel.

Bevor es im Wilden Westen das erste Telefon gab, war das Morsealphabet die einzige Möglichkeit, quer durch die Wüste – immer entlang der Bahnlinie, wo die Telegrafenmasten standen – miteinander zu reden. Das Morsen funktionierte so: Ein Buchstabe wurde in höchstens zwei verschiedene Signale übersetzt – nämlich in »kurz« und »lang« –, in einen kurzen (oder langen) Stromstoß umgewandelt und auf die Reise geschickt. Am anderen Ende der Leitung kam er genauso an: kurz/lang.

So arbeitet auch das Gehirn. Eine Information (zum Beispiel ein Wort) wird in Stromstöße »übersetzt«. Die flitzen durch die Nervenbahn wie der gemorste Buchstabe durch die Telegrafendrähte.

Das Beispiel hinkt nicht; man kann es sogar noch weiterspinnen. Was irgendein Bahnbeamter im Wilden Westen durchmorste, das kam bei sehr vielen Stationen entlang der Bahnlinie an. Aber es betraf doch nur eine einzige Station. Dort hörte der Beamte aufgeregt zu – die anderen interessierten sich gar nicht dafür. Genauso läuft es auch im Gehirn ab. Entlang der Nervenbahn sitzen jede Menge Schaltstationen (Synapsen), die sich die Information wegholen könnten. Aber in der Regel »schlafen« die zuständigen Nervenzellen. Nur eine interessiert sich vielleicht dafür. Und die speichert die Information augenblicklich ab und archiviert sie in den Speichern 2 oder 3 – ist keine interessiert, wandert sie weiter in Speicher 1 und ist nach 15 Sekunden gelöscht.

Sie begegnen einem wildfremden Menschen und nehmen ihn wahr. (Sie sehen ihn an, Sie hören ihn, Sie riechen ihn.) Die Optik sagt: Uninteressant (Speicher 1). Das Ohr sagt: Du wirst auf seinen Begrüßungssatz vielleicht irgendwann antworten müssen; wenigstens so lange merk dir, was der Kerl sagt (Speicher 2). Die Nase aber schaltet augenblicklich auf Großalarm. Der (oder die) riecht genau wie meine erste große Liebe!

Ein Fall für Speicher 3. Und wenn nicht, dann wird Speicher 3 doch zumindest augenblicklich eine Menge Erinnerungen an diese große Liebe herausrücken und zum Vergleich bereithalten – eben weil die Nase sich den elektrischen Impuls gegriffen hat und Interesse anmeldete.

So kann das einfache (und vielleicht ganz harmlos gemeinte) Signal aus jenem unsichtbaren Telegrafendraht blitzartig eine Unzahl von Reaktionen hervorrufen. Vielleicht ist der Abend für Sie gelaufen, oder Sie verfallen gar in tiefe Depression, oder Sie korrigieren den Eindruck, den das Auge hatte und wollen sich plötzlich ganz, ganz lange mit dem (der) so wohlriechenden Unbekannten unterhalten... Wer weiß?

Einen wesentlichen Unterschied zwischen den Telegrafendrähten des Wilden Westens und den Nervensträngen des Gehirns gibt es aber doch. Und der wird Ihnen gleich deutlich machen, warum sich zwar die Kapazität der Kommunikationstechnik im Wilden Westen nicht wesentlich erhöhen ließ (die Drähte hatten eben nur einen bestimmten Durchmesser), wohl aber die Aufnahmefähigkeit des Gedächtnisses.

2 Wer rastet, der...

Wir wissen nicht, woran Oma bei ihrem Lieblings-Sprichwort dachte. Sie werden künftig bei Rasten und Rosten an Ihr Gehirn denken. Kein anderes Organ rostet nämlich so nachhaltig wie dieses, wenn es rastet, sprich: nicht gefordert wird.

Wie wundersam Ihre geheimnisvolle Denkmaschine funktioniert, müßte Ihnen jetzt eigentlich schon klarwerden. Sie denken ja *mit* dem Gehirn. Wenn Sie also *über* Ihr Gehirn nachdenken, wenn Sie gedankliche Schlüsse daraus ziehen und hinterher vielleicht ganz anders über Ihr Gehirn denken, dann hat Ihr Gehirn sich sozusagen selbst verändert – ohne daß die Materie, mit der es arbeitet (die Kraft der Gedanken nämlich) das Gehirn verlassen hätte. So wundersam arbeitet nicht einmal der raffinierteste Computer. Nun aber zurück zum Thema Rasten und Rosten.

Sie haben schon gelernt, daß die Geschwindigkeit der Gedankenübertragung, die Fähigkeit, einzelne Eindrücke zu verknüpfen und zu verarbeiten, und die Begabung, auf die drei Speicher des Gehirns zurückzugreifen, sehr viel mit elektrochemischen Impulsen – also mit Energie – zu tun hat. Wieviel Energie in den Zellen Ihres Gehirns aber produziert wird, das hängt ganz wesentlich davon ab, wieviel Energie benötigt wird.

Kurz gesagt: Wer sein Gehirn 99 Tage dahindämmern läßt, wird am 100. Tag nicht mal in der Lage sein, die Tagesschau zu begreifen. Wer aber 99 Tage sein Gehirn fordert und wenigstens für ein paar Minuten täglich zu Höchstleistungen herausfordert, der könnte am 100. Tag spielend einer schwierigen Vorlesung an der Uni folgen, ohne den Faden zu verlieren.

Es gibt eine ganze Reihe von Tricks, die mit seriösem Gehirn-Training nichts zu tun haben und die Sie sich – sozusagen zur Einstimmung aufs Thema – trotzdem merken sollten. Professor Hancock von der Universität in Los Angeles hat zum Beispiel herausgefunden, daß Sie Ihre Denk- und Merkfähigkeit um ganze 15 Prozent steigern können, wenn Sie sich beim Lesen eine Stoffmütze auf den Kopf setzen. »Erwärmte Hirne machen einfach weniger Denkfehler«, sagt der Wissenschaftler. »Man darf aber nicht den ganzen Körper erwärmen, sondern wirklich nur das Gehirn.« Klar, denn sonst müßten in der Sauna ja lauter Einsteins schwitzen.

Ein anderes Hilfsmittel, das Sie langfristig klüger macht, soll angeblich das Walzertanzen sein. Das ergab eine Untersuchung an der Universität von Witten. Beim Walzertanzen wird die rechte Gehirnhälfte kräftig trainiert. Die wiederum ist für emotionales Denken zuständig – und das kommt in unserer hauptsächlich verstandesmäßig orientierten Welt immer ein wenig zu kurz. Viel Walzertanzen ergibt demnach gut fünf Prozent mehr Denk-Power.

Ebenfalls aus den USA kommt der kluge Hinweis, man möge doch beim Lesen nicht allzulange in einer Position verharren. Alle halbe Stunde mal aufstehen, Arme und Beine zwei Minuten kreisen lassen und sich dann wieder hinsetzen – schon haben Sie Ihr Gehirn so kräftig durchblutet, daß Sie um zehn Prozent besser nachdenken können.

Wenn Sie also demnächst im Büro einen Kollegen mit Stoffmütze sehen, der ständig aufsteht und die Arme wie Hubschrauberflügel kreisen läßt, und wenn er Sie dann auch noch zu einem flotten Wiener Walzer auffordert – dann haben Sie es mit keinem Geistesgestörten zu tun, sondern mit einem, der seine Denkfähigkeit gerade um satte 30 Prozent nach oben schraubt.

Wenn Ihnen das Lesen mit Stoffmütze aber zu albern ist, dann sollten Sie schleunigst zu anderen Hilfsmitteln greifen. Zunächst mal sind Sie gerade in diesem Moment dabei, etwas ganz besonders Gutes für Ihre Gehirntätigkeit zu tun. Sie lesen nämlich.

Es ist vollkommen egal, was Sie lesen. BILD oder Brockhaus oder dieses Buch. Tolstoi oder Telefonbücher. Lessing oder Lore-Romane. Lesen – und zwar jeden Tag mindestens zehn Minuten – bringt Ihre grauen Zellen auf Trab. Wie eingerostet Ihr Gehirn aber dennoch ist, das merken Sie ganz schnell mit folgendem Experiment.

Übung: Lesen Sie ein paar Seiten – nehmen Sie Papier und Stift – und schreiben Sie auf, was Sie gerade gelesen haben.

Ein Test ergab, daß sieben von zehn Bundesbürgern dabei kläglich scheitern; sie kriegen nicht mal die Hälfte der wesentlichen Punkte im nachhinein noch zusammen.

Was ist bloß mit unserem Gehirn los? Entwickeln wir uns langsam, aber sicher zu einem Volk von Dummköpfen und Denkkrüppeln?

3 Das Gehirn schlägt Alarm

Noch nie mußte das menschliche Gehirn mit so vielen Informationen fertig werden wie heute. Das Stichwort heißt Reizüberflutung. Sie haben es bestimmt schon mal gehört. Zwar jagten sich auch schon beim Neandertaler die Informationen; er hörte, er sah, er roch, fühlte, liebte, litt. Aber er war doch noch ziemlich allein auf der weiten Welt. Sein Denkapparat durfte noch vor sich hin schlummern (und blieb nicht zuletzt deshalb auf einer ziemlich schwach entwickelten Stufe stehen).

Auch im Mittelalter und sogar noch im vorigen Jahrhundert hatten die Gehirne der Menschen relativ wenig Arbeit, sprich: ziemlich wenig Reize zu verarbeiten, wenn man den heutigen Maßstab ansetzt.

Kam ein Fremder ins Dorf, war das schon eine Sensation, von der man tagelang sprach. Die Zeitungen, sofern es sie schon gab, meldeten in bedächtiger Breite und erst Wochen später, was alles passierte. Fernsehen gab's auch noch nicht.

Vergleichen wir dies mal mit einem ganz normalen Tag aus unserem heutigen Leben. Die Straßen überfüllt. Der Verkehr erfordert die volle Konzentration. Wir unterhalten uns nebenbei mit dem Beifahrer. Sind wir dann zu Hause, läuft der Fernseher, das Telefon klingelt, die Kinder schreien, die Zeitung meldet auf acht Seiten mehr als früher auf 80, das Radio dudelt, die Nachbarn streiten sich, draußen fährt ein Peterwagen vorbei, und dann schalten wir auch noch um und lassen uns von den Privatsendern berieseln, bis wir endlich erschöpft ins Bett fallen.

Natürlich läuft der Tag nicht in allen Familien genau so ab. Aber sicher ist: Unser Gehirn mußte noch nie so viel verarbeiten wie heute.

Genau zeitgleich mit dieser Entwicklung schlägt unser Gehirn Alarm. Vieles spricht dafür, daß es noch nie eine Generation gab, die so wenig Gefühl – Produkte des emotionalen Denkens also – zeigte wie unsere.

Im Münchner Hauptbahnhof wurde kürzlich eine junge Frau überfallen und vergewaltigt. Passanten sahen kurz hin, hasteten weiter. Niemand half oder holte wenigstens die Polizei. Da stellt sich die Frage, ob wir langsam zu einem Volk von Gefühllosen werden.

Wissenschaftler warnen jetzt tatsächlich davor, daß unsere Gehirne – durch zu viele Wahrnehmungen ermüdet – von Jahr zu Jahr zu weniger Mitleid fähig sind.

Wir sehen zwar, daß da abseits des Bahnsteiges etwas Schlimmes geschieht. Aber unser Gehirn leitet die Information nicht an die zuständige Denk-Stelle weiter.

Ein zweites alarmierendes Beispiel. An einem Münchner Institut wurden die Geschmacksnerven von hunderten Testpersonen gemessen. Das Ergebnis war erschreckend. Auf fast alle Lebensmittel, ob Kaviar oder Käse, Brot oder Buletten, Scholle oder Schokolade reagierte das Gehirn gleich – nämlich mit einer kaum auf- oder absteigenden Genußkurve. Da stellt sich die Frage, ob wir langsam auch zu einem Volk der Geschmacklosen werden.

Während das durchschnittliche deutsche Gehirn noch vor wenigen Jahren 100 Dezibel für laut hielt und mit dem Signal »Lärm, Lärm« darauf reagierte, hat unser Gehirn – sinnbildlich gesprochen – für 100 Dezibel heute nur noch ein müdes Lächeln übrig. Jede Disco ist lauter.

Wir hören nicht mehr hin. Wir hören keine Zwischentöne mehr; wortwörtlich und auch im übertragenen Sinne.

»Das Gehirn des Menschen ist dabei, sich dramatisch zu verändern«, sagen Wissenschaftler. »Es nimmt immer mehr Informationen auf – und fängt mit immer weniger Informationen etwas Vernünftiges an.«

Hören Sie auf die Alarmsignale Ihres Gehirns. Tun Sie etwas für Ihre Denkmaschine. Sie werden in diesem Buch noch erfahren, daß Ihr Gehirn auf bestimmte natürliche Wirkstoffe positiv und dankbar reagiert – Wirkstoffe, die Sie schon lange kennen, über die Sie aber bestimmt noch nie richtig nachgedacht haben –, zunächst aber machen Sie sich jetzt für die allererste kleine Übung bereit.

4 Wort-Spiele

Übung: Setzen Sie sich bequem hin. Lassen Sie kein Radio laufen. Machen Sie die Tür zu. Und nun lesen Sie die folgenden vier Wörter ganz bedächtig durch.

LILIPUTANER. AFFE. LAMPENSCHIRM. RESERVEREIFEN

Legen Sie das Buch nun weg und wiederholen Sie die vier Worte aus dem Kopf, ohne hinzugucken. Liliputaner...

Sind Sie wieder da? Es hat geklappt, nicht wahr? Nun, das war auch eine leichte Übung; so leicht, daß jedes Kind sie schaffen würde. Wir fangen aber erst an, und jetzt beginnt das eigentliche Gehirnjogging.

Übung: Sie lesen hier dieselben vier Wörter in der gleichen Reihenfolge, aber dahinter kommen noch vier. Legen Sie das Buch nach Lektüre der insgesamt acht Begriffe wieder beiseite und wiederholen Sie die acht aus dem Kopf.

LILIPUTANER. AFFE. LAMPENSCHIRM. RESERVEREIFEN. BILDERRAHMEN. ASCHENBECHER. NOTIZBLOCK. URLAUB

Also — weglegen und wiederholen! Liliputaner...

Wenn Sie diese Übung nicht schaffen, dann geht es Ihnen so wie ca. 70 Prozent der erwachsenen Bevölkerung. Merken Sie sich bitte schon einmal vor, daß Sie diese Anfangsübung wiederholen, wenn Sie das gesamte Gehirnjogging-Programm dieses Buches hinter sich haben. Wir wetten mit Ihnen, daß Sie dann keinerlei Probleme mehr haben werden, die acht Begriffe spontan im Ultra-Kurzzeit-Speicher abzulegen und von dort wieder aufzurufen.

Natürlich dürfen Sie dabei ein paar Hilfsmittel benutzen. Welche für Sie die besten sind, das müssen Sie ausprobieren. Vielleicht merken Sie sich die ersten vier Worte am leichtesten dann, wenn Sie sich parallel dazu die Anfangsbuchstaben einprägen – in diesem Falle also L, A, L, R.

Oder Sie basteln sich eine kleine Geschichte um die vier Begriffe herum. »Der Liliputaner hatte einen Affen, der auf dem Lampenschirm hockte, während der Reservereifen gewechselt wurde.«

Solche Wortspiele sollten Sie in der Anfangsphase des Gehirnjoggings jeden Tag machen. Schreiben Sie sich selbst ganz willkürliche Begriffe auf und stecken Sie den Zettel in die Hosentasche. Wann immer Sie Zeit haben – an der Ampel, in der U-Bahn, in der Frühstückspause – prüfen Sie, wie viele Begriffe Sie sich merken können. Steigern Sie sich dabei. Sie werden ganz schnell feststellen: Je länger die Wortreihe ist, die Sie behalten können, desto leichter fällt es Ihnen auch, anderen Menschen zuzuhören, ihre Worte zu verarbeiten und schwierige Zusammenhänge rasch zu begreifen.

5 Zahlen-Spiel

Wenn Ihr Gehirn eine Stimme hätte, dann würde es Tag und Nacht schreien – Stichwort Reizüberflutung. Es würde schreien aus Angst und Furcht. Weil es schon lange nicht mehr in der Lage ist, seine Arbeit anständig zu erledigen.

Das Gehirn sieht im Prinzip noch genauso aus wie das unserer Vorfahren vor 10 000 Jahren. Die Liebe sitzt im Hinterkopf, der Zerstörungstrieb hinterm Ohr. Die Musikalität wohnt überm Auge, schräg unter der Begierde. Alles ist noch so wie früher.

Aber die Ansprüche, die unsere Umwelt ans Gehirn stellt, die sind buchstäblich explodiert. Darauf ist das Gehirn nicht vorbereitet.

Jede Sekunde stürmt soviel auf ein modernes Hirn ein, wie Millionen Bit in einem gigantischen Computer speichern könnten. Jede Sekunde müßte das Gehirn Millionen Einzelentscheidungen treffen, Informationen auswählen, andere speichern, wieder andere vergessen oder auf sie reagieren.

Dafür ist das Gehirn nicht gebaut. Es kommt ohne spezielles Training und ohne bestimmte Wirkstoffe mit dieser Fülle, dieser Hektik, dem modernen Lärm und der ständigen Berieselung nicht mehr zurecht. Dies ist einer der Gründe, warum es »auf stur« schalten gelernt hat und (vor allem im Alter) nur noch einen kleinen Teil von Informationen an sich heranläßt.

Münchner Wissenschaftler waren wieder die ersten, die

gemerkt haben, daß mit dem Gehirn etwas nicht stimmt. Daß es überfordert ist. Seit den frühen 70er Jahren messen sie regelmäßig die Hirnströme von unzähligen Testpersonen, die regelmäßig Bilder und Filme anschauen, Musik und Reden hören. Daraus entwickelten sie eine Standardkurve. Sie zeigt, ob wir uns gerade wohl fühlen, ob wir Abscheu oder Sympathie empfinden, gleichgültig bleiben oder uns freuen.

Und nun passen Sie gut auf. Wenn man vor zehn Jahren einer Reihe von Testpersonen ein Bild von dem berühmten »Goldenen Schnitt« zeigte, dann signalisierte das Gehirn regelmäßig »Wohlbefinden«. Der goldene Schnitt, den schon Albrecht Dürer kannte (man nennt ihn auch das »ideale Längenmaß«), entspricht menschlichem Denken und Fühlen so exakt, daß das Unterbewußtsein ganz von selbst positive Wellen aussendet.

Aber in den letzten Jahren ist die Kurve dieser Wellen systematisch flacher geworden. Zum ersten Mal reagiert das Gehirn auf den »Goldenen Schnitt« nicht mehr freudig, sondern mit mißmutiger Gleichgültigkeit. Ein dramatisches Beispiel dafür, daß es hoffnungslos überlastet ist!

Gehirnjogging und die richtige Ernährung helfen Ihrem Gehirn. Es lernt spielerisch, Wichtiges zu behalten und Unwichtiges zu vergessen. Es wird belastbarer. Es arbeitet einfach störungsfreier. Das kommt Ihnen nicht nur im Alter zugute. Sie können Ihren Job besser machen. Sie können besser sein als Ihre Kollegen. Sie machen rascher Karriere. Sie haben auch mehr von Ihrem Privatleben, sind der bessere Partner, die bessere Partnerin, Sie haben plötzlich wieder Spaß an Dingen, die schon fast verschüttet waren – einem guten Buch zum Beispiel, einer wirklich anspruchsvollen Fernsehdebatte, die Sie bisher vielleicht gar nicht erst ansahen.

Lassen Sie uns jetzt ein Zahlenspiel machen. Wieder beginnen wir ganz simpel. In einer Broschüre der segensreichen »Deutschen Gesellschaft für Gehirntraining e. V.« heißt es darüber: Die Übungen bringen »Geist und Gedächtnis auf Schwung, steigern Hirnstoffwechsel und -durchblutung. Sie wärmen den Motor, sprich das Gehirn, als Werkzeug von Geist und Gedächtnis vor. Übende berichten oft, wie es ihnen im Kopf heiß wird. Danach läuft alles leichter: die Planung des Tages, Termine, Treffen mit Angehörigen... So daß man mit wenig Aufwand viel schafft!«

Es ist wichtig, daß Sie die Übungen möglichst vormittags machen. Abends läßt die Denkfähigkeit bei jedem Menschen nach.

Es ist auch wichtig, daß Sie die Übungen ständig wiederholen. Wenn Sie durch sind – einfach von vorn anfangen; das Buch gibt Ihnen immer neue Anregungen dafür.

Wie schwer Ihre Übungen sind, das bestimmen Sie mit der Zeit selbst. Sie werden merken, daß Sie immer anspruchsvoller werden. Denn Gehirnjogging ist wie Golfspielen – wenn man mal damit anfängt, kann man nicht mehr aufhören, und mit der Leistung steigen die Ansprüche!

Übung: Hier sehen Sie zwei Nullen. Sie sind mit einer waagerechten Linie durchgestrichen.

0̶——0̶

Streichen Sie nun in der folgenden Zahlenkolonne auch alle Zahlen durch, die so wie die beiden Nullen nebeneinanderstehen und den gleichen Wert haben. Die eigentliche Übung beginnt dann gleich danach.

7	4
8	8
2	9
3	7
4	4

Fertig? Sie haben die Ziffern in den Reihen 2 und 5 durch-gestrichen, nicht wahr? So war es richtig; doch nun wird es ernst.

Übung: Hier sehen Sie jeweils zwei Nullen, die innerhalb eines Zahlen-Blocks schräg übereinanderstehen. Beide Nullen sind durchgestrichen.

Nach diesem Muster streichen Sie jetzt blitz-schnell alle gleichen Ziffern durch, die ebenso wie die Nullen in unserem Beispiel oben schräg über- oder untereinanderstehen. Sehen Sie dabei ruhig schon mal auf Ihren Sekundenzeiger, wie lange Sie brauchen!

1	8	2	9	4	1
3	4	4	2	2	5
5	3	9	1	1	2
5	4	1	8	2	4
4	2	8	9	4	2

Stop. Wie lange haben Sie für diese drei Zahlenkolonnen gebraucht? Schreiben Sie sich selbst solche Zahlenkolonnen auf und wiederholen Sie die Übung immer, wenn Sie einen Moment Zeit haben! Sie werden schon bald merken, daß es von Mal zu Mal schneller geht!

Übrigens müßten die Kolonnen, wenn Sie alles richtig gemacht haben, jetzt so aussehen:

```
1  8      2  9      4  1
3  4      4  2      2  5
5  3      9  1      1  2
5  4      1  8      2  4
4  2      8  9      4  2
```

Übung: Nun streichen Sie bitte – ebenfalls in aller Eile –
diejenigen gleichen Zahlen an, von denen Sie
diagonal auf- oder absteigend drei finden. Also
zum Beispiel hier die 2:

```
1  9  2  8  3  8  4  8  5  7  3  4
0  3  9  2  9  5  7  5  0  9  4  8
8  2  7  3  2  9  4  3  8  5  9  0

4  9  3  7  1  0  3  5  4  8  1  8
3  0  2  9  7  2  3  3  9  1  0  0
1  7  4  0  3  7  0  3  1  4  6  2
4  1  0  9  1  9  0  3  2  9  2  4
6  0  1  4  9  2  3  4  8  2  0  1
8  2  7  8  4  3  2  8  0  1  4  0
```

Nicht leicht, gewiß. Aber Sie fangen ja auch erst an. Übrigens müßten Sie fünf Striche gemacht haben, nämlich
durch die 7 (beginnend in Reihe 1, absteigend nach
rechts), durch die rechte 1 (beginnend in Reihe 1, absteigend nach links), durch die linke 1 (beginnend in Reihe 3,
absteigend nach rechts), durch die 2 (beginnend in Reihe
3, absteigend nach links) und durch die 3 (beginnend in
Reihe 4, absteigend nach links).
Sie haben bei dieser Übung vermutlich gemerkt, daß Ihre
Augen ein bißchen flimmern und der Kopf etwas schmerzt;

34

es ist bei vielen Leuten so, als wenn sich ein Ring um die Schläfen legt. Genau das ist ein Signal dafür, daß Ihr Gehirn bisher unterfordert war. Es ist keine richtige Anstrengung mehr gewöhnt, weil es sich selbst frühzeitig abschaltet. Soeben haben Sie es gezwungen, mal wieder richtig aufzupassen und blitzschnell zu reagieren. Gut so. Das machen wir jetzt gleich noch einmal.

Übung: In der folgenden Zahlenkolonne können Sie ein Gesicht erkennen und seine Konturen nachziehen, wenn sie eine ganz bestimmte Zahl, die sich ziemlich oft wiederholt, herausfinden und ihr mit dem Stift folgen.

Es handelt sich um die Umrisse eines Kopfes (etwas eckig allerdings), um zwei Augen, eine Nase und einen Mund. Aber ganz so leicht, wie sie klingt, ist die Übung nicht – es wiederholen sich nämlich mehrere Zahlen in der Kolonne, und nur mit einer läßt sich das Gesicht zeichnen!
Wenn Sie diese Übung wiederholen wollen, dann bitten Sie jemanden, das für Sie aufzumalen. Sonst ist es zu leicht.
Und noch etwas. Direkt unter dieser Zahlenkolonne, die nur auf den ersten Blick so verwirrend wirkt, steht die Auflösung. Also blättern Sie bitte keinesfalls um, bis Sie meinen, die Lösung gefunden zu haben!

```
29385555593920394858222222582
66604449555553333303202022249
72222229333384777224823521 1
93857208444444950333262292 11
938538573383333330002552233
444447633336666274847221029
```

Achtung, nun kommt die Auflösung. Das Gesicht läßt sich mit der Zahl 2 malen. Ihr Strich beginnt in der ersten Reihe ziemlich weit rechts, dort, wo nach der 8 fünfmal die 2 zu sehen ist. Nach links und rechts verfolgt Ihr Strich nun die Konturen des Gesichtes abwärts, in Reihe 4 erkennen Sie schon die Rundung und in der letzten Reihe die 22 ergibt sozusagen das Kinn. Die Augen – das sind die beiden Zweien mit der 0 dazwischen in Reihe 2. In der Mitte darunter die Nase. Und die 22 unter der Nase ergibt den Mund.

Legen Sie so ein Zahlenspiel mal Freunden und Bekannten vor. Kopieren Sie sich ein und dasselbe Spiel mit den gleichen Ziffernfolgen, so daß alle dieselben Startbedingungen haben. An der Geschwindigkeit, mit der die richtigen Zahlen verknüpft werden, erkennen Sie die Verknüpfungsfähigkeit der einzelnen Gehirne.

Intelligenz ist übrigens nichts anderes als die Gabe, Informationen, die auf den ersten Blick scheinbar nichts miteinander zu tun haben, neu zu *verknüpfen*. Und da schließt sich der Kreis. Dies ist ein klassischer Intelligenztest.

Wenn Sie solche Spiele ein paarmal wiederholen, dann fällt Ihnen die Lösung gar nicht mehr schwer. Ihr Gehirn hat dazugelernt. Was das Auge sieht und was auf den ersten Blick vollkommen verwirrend ist, das wird plötzlich logisch aufgedröselt und bekommt – ja, buchstäblich »Gesicht«.

Nicht anders arbeiten Wissenschaftler, wenn sie ein schwieriges Problem angehen. Und heute, beim Beginn des Gehirnjoggings, ist noch gar nicht gesagt, daß Sie nicht auch eines Tages »wissenschaftlich« werden arbeiten können.

6 Vergeßlichkeit kann ein Segen sein

Sie erinnern sich bestimmt noch an die drei Speicher, in die unser Gedächtnis aufgeteilt ist. Nun werden Sie anhand eines ganz einfachen Beispiels erfahren, wie die drei genau funktionieren. Dabei wird Ihnen dann auch noch mal richtig klar, warum Gehirnjogging so wichtig ist.

Stellen Sie sich mal eine Lagerhalle mit drei riesigen Containern vor. Draußen vor dem Tor wartet eine lange Schlange von Lastern, die ihre Ladung loswerden wollen. Es gibt Arbeiter, die ihnen dabei helfen, es gibt Vorarbeiter, die die Leute einteilen, und es gibt Chefs, die Kommandos rufen. Tag und Nacht ist ein ständiges Kommen und Gehen vor der Lagerhalle.

Sie ahnen es schon: Die Lagerhalle ist das Gehirn. Die drei Container sind die drei Speicher. Und die Arbeiter – das sind die Botenstoffe, die in einem komplizierten elektrochemischen Prozeß von Speicher zu Speicher flitzen und dafür verantwortlich sind, daß alles klappt.

Alles, was die Laster anliefern, wird zunächst in den ersten Container gepackt. Das ist das Ultrakurzzeitgedächtnis. Aber Heerscharen von Männern sind damit beschäftigt, den Container sofort wieder leerzuräumen. Sie schmeißen das meiste weg. Nur einen winzigen Teil transportieren sie hinüber in den zweiten Container – das Kurzzeitgedächtnis.

Der füllt sich natürlich viel langsamer. Aber auch um ihn herum herrscht Hochbetrieb. Wieder gibt es Leute, die das meiste, was in ihm gelagert wird, nach einiger Zeit wegwerfen. Der Rest aber – der kommt ins Langzeitgedächtnis, eben in den dritten Container. Und da bleibt er so lange, bis er endgültig nicht mehr benötigt wird.

Wenn die fleißigen Arbeiter nun streiken würden. Wenn sie nicht mehr sortieren würden. Wenn alles, alles in den Containern drinbleiben würde. Dann könnten wir nicht vergessen. Dann würden unsere Speicher überquellen. Dann würden wir vermutlich verrückt. Und deshalb ist es eigentlich ein Segen, daß der liebe Gott uns mit der Gabe des Vergessens ausgestattet hat.

Stellen Sie sich nun mal vor, daß Sie auf einer Party sind. (In unserem Beispiel sind Sie ein Mann.) Sie stehen mitten im Gewühl. Von allen Seiten prasseln die Informationen nur so auf Sie ein. Und nun müssen sich Ihre drei Speicher bewähren.

Das Auge meldet ans Gehirn: Nachbarin zur Rechten trägt ein ausgeschnittenes Kleid und trinkt einen Cocktail. Gehirn beschließt: Das ist absolut unwichtig. Die Frau interessiert uns nicht; sie ist ein ätzender Typ. (Information bleibt im Ultrakurzzeitgedächtnis und wird alsbald auf den Müll geworfen.)

Soeben stellt Ihnen die Gastgeberin Herrn Meyer vor, melden Auge und Ohr. Herr Meyer scheint ein rechter Trottel zu sein, doch weiß man ja nie, wozu man ihn noch mal braucht. Ab mit der Information in den nächsten Speicher, beschließt das Gehirn; genau das richtige fürs Kurzzeitgedächtnis, und wenn die Party vorbei ist, dann löschen wir Herrn Meyer aus unserem Gedächtnis. Links nähert sich aber eine Dame, oho, die gefällt ausgezeichnet, meldet das Auge. Das Ohr lauscht auf ihre Stimme, die Zunge macht sich zur ersten Kontaktaufnahme bereit, und die Lachmuskeln spannen sich schon mal zu einem gewinnenden Lächeln. Noch weiß das Gehirn nicht so recht, was geschehen wird. Aber es gibt Großalarm.. Alle Sinne angespannt. Alle drei Speicher bereit. Und was sonst noch an Informationen hereinflutet, muß warten – sozusagen ein Stau bei den Lastern.

Im gleichen Moment meldet sich die Nase. Die Frau riecht wie, wie . . . »Sofort Langzeitgedächtnis abfragen!« befiehlt das Gehirn.

Dort sind alle Gerüche für immer und ewig abgespeichert, die uns mal sehr, sehr gut gefallen haben. Der Geruch der Mutter, als wir noch gar nicht auf der Welt waren. Der Geruch von gebrannten Mandeln, da waren wir drei oder vier. Der Geruch von der ersten Schule natürlich auch, damals war Schule noch schön, und – das Parfum unserer ersten großen Liebe, das ist da auch gespeichert.

Vielleicht weiß das Langzeitgedächtnis gar nicht mehr genau, an welchen Duft die Dame nun eigentlich erinnert. Aber es signalisiert heftig grünes Licht – positive Emotionen – Gehirn schaltet endgültig auf Flirt –, und schon stecken Sie mitten drin in einer Geschichte, die, wenn die Dame das möchte, ganz schön heiß werden könnte.

Nun haben wir Ihnen die Arbeitsweise des Gehirns anhand eines Duftes geschildert, aber das ist natürlich nur eines von vielen tausend Beispielen. Im gleichen Moment haben Sie ja die Figur, die Kleiderfarbe, den Po und den Nagellack der Dame zur Kenntnis genommen. Sie haben gehört, wie sie spricht. Sie haben gesehen, wie sie geht. Sie haben wohlwollend zur Kenntnis genommen, daß sie keinen BH zu tragen scheint, und zu jeder dieser Detailfragen möchte das Gehirn vom Langzeitspeicher genau wissen, was ihm dazu einfällt.

Die besagten Botenstoffe aber sind wie kleine Menschen. Wenn sie nie gefordert werden, werden sie auch nie was

Anständiges leisten. Sehen Sie – darum Gehirnjogging. Damit Sie beim nächsten Flirt wirklich alle Informationen kriegen.

Drei Jahre später könnten Sie die Dame wiedersehen. So heftig, wie Ihre Speicher gefordert wurden, werden Sie sie gleich beim Namen nennen und sagen: »Wir haben uns doch damals am... da und da... kennengelernt, nicht wahr?« Wenn sie dann allerdings etwas irritiert guckt und sagt: »Äh, ja, weiß nicht«, dann haben Sie damals bei ihr überhaupt keinen Eindruck hinterlassen, und sie hat ihren Kurzzeitspeicher alsbald vom Müll (nämlich von Ihnen) befreit.

Als nächstes lernen Sie eine Übung kennen, die Sie praktisch überall machen können. Wenn Sie irgendwo zu Besuch sind oder wenn Sie im Bus zur Arbeit fahren. Sie trainiert Ihr Ultrakurzzeitgedächtnis.

Die Arbeit dieses Speichers, der bekanntlich schon nach wenigen Sekunden wieder geleert werden darf, sollten Sie nicht unterschätzen. Denn nur wenn Speicher 1 richtig funktioniert, klappt die Arbeit auch in den anderen beiden Speichern.

Speicher 1 schläft nie. Akkurat mit 170 Kilometern pro Stunde flitzen Geräusche und Eindrücke, Gerüche und Gefühle in seinen Container, bleiben einen Moment dort und werden gelöscht oder in die anderen Speicher weitertransportiert.

Sie können gleich feststellen, wie Ihr Ultrakurzzeitgedächtnis »drauf« ist.

Übung: Schließen Sie die Augen und drehen Sie den Kopf um 90 Grad nach links. Öffnen Sie die Augen für eine Sekunde und schließen Sie die Augen wieder.

Drehen Sie den Kopf zurück. Und nennen Sie nun laut mindestens fünf Dinge, die Sie in dieser Sekunde gesehen haben!

Schließen Sie die Augen wieder. Drehen Sie den Kopf um 90 Grad nach rechts. Verfahren Sie genauso wie eben. Und Sie werden feststellen, daß Sie beim zweiten Mal schon viel bewußter hingesehen haben als beim ersten Mal.

Um es genau zu sagen: Sie haben genausoviel gesehen wie beim ersten Mal. Sie haben beim Sehen nur intensiver gedacht. Sie haben Ihren Grips mehr angestrengt – und genau das ist Gehirnjogging.

Wenn Sie diese Übung so oft wie möglich wiederholen, dann werden Sie feststellen, daß Sie auch bei anderen Gelegenheiten genauer hinsehen bzw. beim Hinsehen mehr nachdenken. Es prägt sich alles besser ein. Sie werden zum Beispiel als Zeuge einer Straftat der Polizei mehr Details berichten können. Sie werden ihren Chef damit verblüffen, daß Sie sich komplizierte Zusammenhänge leichter merken können als andere Kollegen. Und Sie werden auch in der Partnerschaft feinfühliger, weil Sie einfach besser hinsehen.

Auch die nächste Übung trainiert Ihren Ultrakurzzeitspeicher. Auch sie hat mit besserem Hinsehen, mit konzentrierterem Beobachten zu tun.

Übung: Sie finden hier zwei Felder, ein linkes und ein rechtes. Im linken Feld stehen mehrere Zeilen untereinander. Es sind Buchstaben, Zahlen, ganze Wörter. Rechts finden Sie jeweils dazugehörige Gedankenstriche. Nur ein- oder zweimal in jeder Zeile sehen Sie ein Fragezeichen.

Nehmen Sie sich die erste Zeile links vor. Decken Sie die rechte Seite mit der Hand ab. Lesen Sie sich die linke Zeile laut vor. Decken Sie nun die linke Zeile ab. Und nennen Sie den Buchstaben, der rechts mit einem Fragezeichen markiert ist.

Genauso machen Sie es jetzt mit den Silben aus Zeile 2. Dann mit den Zahlen aus Zeile 3. Und schließlich mit den Wörtern aus Zeile 4. Und Vorsicht: Direkt unter den vier Testzeilen steht die Auflösung!

A R K P Y Z   – – – – ? –
In Um Wie Zu
So Du   – – ? – ? –
5 2 8 0 1 9   – – – ? – –
Senegal, USA,
Nairobi, Berlin,
Montreal, Ulm   – – – – ? –

Wenn Sie alles richtig gemacht haben, dann heißt Ihr Ergebnis: Y, WieSo, 0, Montreal.

7 »Ramdibum-dei« – Zauberspruch für Ihr Gedächtnis

Gehirnjoggen tut nicht nur gut, sondern es macht auch Spaß. Als Gehirnjogger können Sie spielend ganze Stammtische bei Laune halten, weil die Forscher sich teilweise wirklich amüsante Übungen ausgedacht haben. Sie lernen gleich eine kennen, die das sogenannte »mittelbare Behalten« aufs feinste trainiert.

Übung: Die Übung besteht aus drei Schritten. Zunächst prägen Sie sich bitte die folgenden Silben etwa zehn Sekunden lang ein. Jedes Hilfsmittel ist erlaubt. Sie können die Silben zum Beispiel rhythmisch betonen, so wie sie gekennzeichnet sind. Sie können sich auch andere Eselsbrücken suchen – alles ist erlaubt, denn die Übung ist nicht ganz einfach. Auf jeden Fall sollten Sie laut auswendig lernen, die Silben prägen sich dann besser ein. Aber Sie haben nur zehn Sekunden Zeit dafür!
Die Silben heißen:

Ram Di Bum **Dei** Plopp **Zum** Gugu **Dei**

Haben Sie's drauf? Noch mal. Ram-di-bum-dei-plopp-zum-gugu-dei. So, nun folgt Schritt zwei. Ziehen Sie bitte von der Zahl 42 rückwärts immer 3 ab, und sprechen Sie laut dabei. Bis Sie bei 0 sind. 42, 39, 36... Und so weiter. Los!

Der dritte Schritt. Nehmen Sie einen Stift zur Hand. Blättern Sie keinesfalls zurück! Und streichen Sie aus der folgenden Silbenreihe blitzschnell alle diejenigen Silben heraus, die zu der von Ihnen eben auswendig gelernten Reihe gehören!

GE DEI HIRN RAM JOG PLOPP ZUM GING DI TUT GUGU GUT

Geschafft? Und wie lange haben Sie dafür gebraucht? Fünf Sekunden wären schon ein anständiger Wert, allerdings noch verbesserungswürdig. Und mit Sicherheit haben Sie schon gemerkt, daß die stehengebliebenen Silben den Satz »Gehirnjogging tut gut« ergeben.
Sich einen achtsilbigen Zauberspruch zu merken, ist eigentlich nur was für Jogging-Anfänger. Wenn Sie in einem Beruf arbeiten, der Sie geistig fordert, oder wenn Sie in Ihrer Freizeit viel lesen, dann müßten Sie eigentlich auch mit der folgenden Übung zurechtkommen. Auch sie besteht aus drei Schritten.

Übung: Bitte lernen Sie eben mal rasch die folgenden zwölf Begriffe auswendig.

Ananas, Äpfel, Mandarinen, Opel, Porsche, Mercedes, Tasse, Teller, Schüssel, Schalter, Kabel, Birne

Nun lösen Sie bitte die folgende leichte Rechenaufgabe im Kopf.

$42 + 3 - 12 + 11 - 20 - 24 = \ldots$?

Decken Sie nun die zwölf Begriffe von oben ab und streichen Sie aus der folgenden Begriffsreihe alle diejenigen Begriffe heraus, die Sie soeben auswendig gelernt haben.

BMW, Ford, Lampe, Strick, Opel, Apfelsine, Kiwi, Birne, Aprikose, Kanne, Schüssel, Kabel

Sie müßten vier Begriffe herausgestrichen haben. Übrigens ist diese Übung so wichtig, weil sie obendrein auch noch das »Querlesen« trainiert. Querlesen müssen Sie in jedem anspruchsvollen Beruf können. Stellen Sie sich zum Beispiel vor, daß Sie als Gewerkschafter an Tarifverhandlungen teilnehmen. Kurz vor der entscheidenden Sitzung verteilen die Arbeitgeber ihr ultimativ letztes Angebot als Fotokopie. Wer jetzt blitzschnell querlesen kann und die entscheidenden Punkte dabei erkennt, der ist gut dran und hat die Nase vorn. Wehe, Sie brauchen für so ein Papier viel Zeit, möchten es womöglich erst mal mit nach Hause nehmen und dort in Ruhe studieren – Sie wären hilflos aufgeschmissen!

Oder: Sie bewerben sich um einen gutbezahlten Job. Sehr wahrscheinlich, daß Ihnen der Betriebspsychologe ein Spiel vorlegt, das mit unseren Übungen sehr viel Ähnlichkeit hat, um Ihre Aufnahmefähigkeit und Flexibilität zu prüfen. Wer, meinen Sie, wird den Job wohl kriegen?

Denken wir mal einen Moment darüber nach, warum sich das Gehirn eigentlich so spielerisch trainieren läßt. Einem Computer kann man ja schließlich auch nur das abverlangen, was von Anfang an in ihm steckt; er entwickelt sich niemals auch nur einen Deut von alleine weiter.

Die Antwort heißt: weil das Gehirn – anders als der Computer – nicht aus Chips, sondern aus Nervenzellen besteht. Und die können schrumpfen und wachsen, fleißig oder träge sein.

Der Mensch kennt 20 000 bis 100 000 Wörter je nach Bildungsgrad. Er merkt sich aber durchaus nicht alle – so wie das ein Computer tun würde. Er behält 50 Prozent der positiven, 50 Prozent der negativen und 20 Prozent der indifferenten Erinnerungen. Denn das Gehirn wird von etwas ganz Unberechenbarem gesteuert: von der Psyche.

Genau das ist der Grund, warum so viele ältere Menschen ständig vom Krieg erzählen. Es klingt ja manchmal fast zärtlich, obwohl es doch eine schlimme Zeit war. Ihr Gehirn hat auf Wunsch der Psyche viele negative Erinnerungen weggelöscht – und vor allem die positiven Erinnerungen abgespeichert.

Ein Computer würde beim Thema Krieg mehr von Blut und Tränen als von leckerem Rübeneintopf und anderen schönen Dingen erzählen. So ist das Gehirn manchmal eben richtig gnädig zu »seinem« Menschen.

8 So werden Sie besser im Bett

Vielleicht überrascht es Sie, in einem Buch über die Arbeit des Gehirns ein Kapitel über Ihr Sexualleben zu finden. Was hat Sex denn mit dem Gehirn zu tun? Das ist doch nun wirklich eine Beschäftigung, bei der man die Denkmaschine mal abstellen sollte!

Da ist zwar was Richtiges dran. Aber so intensiv Sie im Bett auch entspannen, so sehr Sie sich gehenlassen – Ihr Gehirn läßt sich nicht abschalten, im Gegenteil: Es hat sogar ein sehr großes Mitspracherecht, wenn es darum geht, ob Sie sich beim Sex wohl fühlen oder ob die Liebesnacht als Fiasko endet.

Wer intensiv denkt, ist besser im Bett. So heißt die Kurzformel aus vielen modernen sexualwissenschaftlichen Untersuchungen.

Stellen Sie sich ein Liebespaar in romantischer Atmosphäre vor. Noch hat der Mann keine Erektion, doch er weiß (oder hofft zumindest), daß sie gleich da sein wird.

Und nun stellen Sie sich vor, daß alles, was er wahrnimmt, fühlt und denkt, elektronisch gemessen und später mit Linien und Pfeilen sichtbar gemacht wird. Wie werden diese Linien wohl verlaufen?

Der Mann nimmt ja pausenlos erotische Signale auf. Er sieht die Kerzen und seine Partnerin. Er hört ihre zärtliche Stimme. Er riecht ihren Körper, und er fühlt ihre Haut.

Die meisten Menschen glauben: Die besagten Pfeile weisen bestimmt direkt nach unten, von Auge, Ohr, Nase und

Tastsinn direkt zum Glied. Das wird stark durchblutet, und dann ist sie da, die Erektion.

Falsch, ganz falsch! Von Auge, Ohr, Nase, Mund und Tastsinn führen die Linien – direkt ins Gehirn. Und zwar wieder in den Bereich, der fürs Erinnerungsvermögen zuständig ist. Dort – im Langzeit-Gedächtnis-Speicher – wird alles, was der Mann sieht, blitzschnell mit früheren Erlebnissen verglichen. Das Gehirn kramt alles heraus, was zur momentanen Situation paßt. Da blitzt die Erinnerung an den letzten schönen Orgasmus auf, aber auch die peinliche Erektionsschwäche von vor einem Jahr. Erst danach – und nur, wenn die positiven Erinnerungen überwiegen – gibt das Gehirn den Befehl zur verstärkten Produktion von Sexualhormonen, und erst die sorgen für die Durchblutung des Penis, und dann ist die Erektion da und dem fröhlichen Verkehr steht nichts mehr im Wege.

Sie merken schon: Ohne das Gehirn läuft im Bett nichts, gar nichts. Aber nun hat man ja auf den Langzeitspeicher keinen direkten Einfluß; wie kann man also via Gedankenkraft ein besserer Liebhaber, eine bessere Liebhaberin werden?

Wir kommen gleich drauf. Zunächst noch die folgende Information: An der Universität von Pasadena in Kalifornien wurden Experimente mit dem Verlauf der oben beschriebenen Kurven tatsächlich gemacht. Sie ergaben glasklar, was manche Wissenschaftler spaßig so formulieren: Erektionsschwäche oder Orgasmusprobleme finden »nicht zwischen den Beinen – sondern zwischen den Ohren statt«. Im Gehirn also.

Im Gehirn muß also ansetzen, wer sein Sexualleben verbessern will. Nehmen wir als Beispiel nur mal den vorzeitigen Samenerguß, unter dem einer neuen Statistik nach immerhin jeder dritte deutsche Mann zu leiden hat und der für die Betroffenen zumindest ärgerlich, wenn nicht gar überaus unangenehm ist.

Wird einem kleinen Jungen, den die Mutter zum ersten Mal beim Onanieren überrascht, gleich eingebleut, daß diese Tätigkeit etwas Negatives ist, dessen man sich schämen muß, so wird sich das mit etwas Pech felsenfest ins Langzeitgedächtnis eingraben. Es ist nicht gut, es ist unsauber – also bringe es möglichst schnell hinter dich, damit man dich nie wieder dabei erwischt. So folgert das Unterbewußtsein, und später in der Partnerschaft spuckt der Speicher dann immer wieder dieselben Kommandos aus (»mach bloß schnell«), auch wenn der Mann das gar nicht mehr will.

Dagegen kann man nicht so ohne weiteres an – selbst wenn einem die Zusammenhänge theoretisch klar sind.

Jedoch: Ebenso, wie man den rein körperlichen Vorgang durch einige Übungen korrigieren kann (im geschilderten Fall zum Beispiel durch tägliches Training des Schließmuskels), so kann man auch den geistigen Vorgang korrigieren und dem Gehirn langsam nahebringen: Zieh doch bitte endlich mal eine andere Schublade auf und vergiß, was man uns in der Kindheit da eingebleut hat. So kann die folgende Übung Ihr Sexualleben ganz entscheidend verbessern, zumal sie sich durchaus nicht nur für die Bekämpfung von vorzeitigem Samenerguß eignet.

Ihr Unterbewußtsein ist morgens nach dem Aufwachen am »gehorsamsten«. Nehmen Sie sich für diese Übung also morgens im Bett etwa 5 bis 10 Minuten Zeit, und zwar jeden Tag.

Übung: Legen Sie sich auf den Rücken und machen Sie die Augen zu.

Nun fassen Sie diejenige Botschaft, die Sie Ihrem

Unterbewußtsein vermitteln möchten, in einen klaren, einfachen Merksatz.

Er könnte lauten: »Ich will beim Sex nie mehr an... denken.« Oder: »Ich will beim Sex mehr auf meine Partnerin eingehen.« Oder: »Ich will mich in der Liebe endlich richtig gehen lassen.« Oder: »Ich will meinen Orgasmus hinauszögern.« Nun folgen drei ganz wichtige Schritte.

● Wiederholen Sie diesen Satz in Gedanken zehnmal, legen Sie fünf Sekunden Denkpause ein und fangen Sie dann wieder von vorn an. Das tun Sie insgesamt fünfmal.

● Stellen Sie sich den Merksatz in möglichst vielen Variationen geschrieben vor. Denken Sie an ein Stück Papier, auf dem der Satz steht. In Schreibschrift. In Blockschrift. Wie er aus einem Fernschreiber komt. Auf einem Computer-Bildschirm. An einer Plakatwand in der Stadt. Als Transparent bei einer Demo. Als Fax. Als Flatterband hinter einem Werbeflugzeug. An den Himmel geschrieben, in den Sand gemalt, auf die Haut tätowiert – was immer Ihnen einfällt. Immer den gleichen Satz. Ihren ganz persönlichen Merksatz.

● Stellen Sie sich den Satz nun in möglichst vielen verschiedenen Variationen gesprochen vor. Vom Lehrer in einer Schule. Aus dem Lautsprecher eines Polizeiautos. Aus dem Radio. Im Fernsehen von der Tagesschausprecherin. Im Supermarkt von der Kassiererin an der Kasse. Von Ihrem Chef. Von Ihren Kollegen.

Sie dürfen nun aufstehen und den Tag beginnen. Wenn Sie aber noch einen drauflegen wollen, dann lassen Sie Ihren Merksatz auch tagsüber nicht beiseite. Ein probates Mittel ist zum Beispiel, ihn auf Tonband zu sprechen und immer wieder auf der Fahrt zur Arbeit abzuspielen. Sie können ihn auch in eine Schublade Ihres Schreibtisches legen und bei jeder Gelegenheit draufgucken (nur aufpassen, daß kein neugieriger Kollege drangeht und plötzlich voller Verwunderung liest, was Sie für Vorsätze haben).

Ihre Gedanken — Sie merken es schon — kreisen den Satz aus allen möglichen Richtungen ein. Sie hämmern ihn sich ein. Und — fast jede Wette: Wenn Sie das wirklich konzentriert ein paar Wochen durchziehen, werden Sie merken, daß Ihr Unterbewußtsein ihn (wenn auch widerwillig und schwerfällig) aufgreift und akzeptiert.

Sie merken es daran, daß Sie im Bett plötzlich mehr Liebe schenken — und empfangen können.

9 Die Macht der Vorstellungskraft

Nicht nur Glaube kann Berge versetzen, die Vorstellungskraft kann es auch. Wir haben schon mehrfach erwähnt, daß Intelligenz eigentlich nichts anderes ist als die Fähigkeit, Dinge aus ihrem angestammten Zusammenhang herauszulösen (zu abstrahieren) und in einen neuen Zusammenhang hineinzustellen. Oder, andersherum: scheinbar sinnlos zusammengewürfelte Einzelteile zu einem sinnvollen Ganzen zusammenzufügen. (Puzzlespielen ist deshalb eine ganz ausgezeichnete Form von Gehirnjogging!) Sie müssen trainieren, sich etwas vorzustellen, was Sie noch nicht sehen können. Sie sollten dabei so oft wie möglich auf Papier und Stift verzichten und sich diese Hilfsmittel lieber im Kopf vorstellen.

Übung: Wenn Sie mal keine Lust haben, eine Übung aus diesem Buch zu machen, weil Ihnen der Sinn einfach nicht nach Gehirnjogging steht, dann lösen Sie im Kopf wenigstens ein paar Rechenaufgaben aus dem großen Einmaleins. 17×42! Schon sind Sie mittendrin. 10×42 ist 420. 7×40 ist 280, macht $420 + 280 = 700$, $7 \times 2 = 14$ dazu, macht 714.

Sie stellen sich die Zahlen im Kopf vor. Sie beanspruchen Speicher 1, um sich die 420 zu merken, während Sie 7×40 rechnen. Sie legen die 700 ab und kramen aus dem Gedächtnis die 14 hervor – da kommen die grauen Zellen in Schwung.

Gewöhnen Sie sich bitte auch an, Telefonnummern nicht mehr abzulesen, sondern zu lesen und abzuspeichern. Sehen Sie ins Telefonbuch, sehen Sie dann weg und wählen Sie blind.

Wenn Sie ein Telefax abschicken, machen Sie es genauso. Und da merken Sie schon wieder, wie hilfreich Gehirnjogging ist. Nach einigen Tagen schon sind Sie in der Lage, sich eine achtstellige Faxnummer zu merken und müssen sie nicht mehr mühsam auf der Rückseite des Fax notieren, bevor Sie's abschicken. Wir wollen Ihre Abstraktionsgeschwindigkeit jetzt mal einen Riesenschritt voranbringen.

Übung: Sie finden hier eine ganze Reihe von Wörtern, die – hintereinanderweg – einen Satz ergeben. Nur – in jedem Wort sind zwei Buchstaben vertauscht. Da steht also vielleicht statt IE plötzlich EI, statt AB heißt es BA oder ähnlich. Sie sollen nun zunächst – zur Einstimmung – herausfinden, wie der Satz richtig heißt.

MTI GNAZ WENGI AUWFAND KNAN IHC DEI GARUEN ZLELEN SCHNLEL NUD WENDGI AMCHEN

Klar können Sie »mit ganz wenig Aufwand die grauen Zellen schnell und wendig machen«; das wußten Sie ja auch vorher schon. Aber man braucht einen speziellen Blick dafür, die Buchstaben wieder zurechtzuschütteln.

Sie schärfen mit solchen Übungen Ihre Kombinationsgabe, weil Ihr Gehirn lernt, Informationen neu zu verknüpfen.

Lassen Sie sich solche Wortreihen von Freunden und Kollegen möglichst mehrmals die Woche aufschreiben und prüfen Sie die Zeit, die Sie zur Lösung brauchen. Die nächste Übung stammt aus dem Programm der Deutschen Gesellschaft für Gehirntraining, der viele Ärzte angehören. Sie schärft obendrein noch Ihre Fähigkeit, blitzschnelle Entscheidungen zu treffen.

Übung: Jedes Wort besteht aus einer bestimmten Anzahl von Buchstaben. Nehmen Sie ein Wort und numerieren Sie die Buchstaben im Kopf durch. Beim Wort LIEBE also wäre L=1, I=2, E=3 und 5, B=4. L–I–E–B–E.
Nun bilden Sie aus bestimmten Ziffern ein neues Wort. Um bei der Liebe zu bleiben: 3,2. Ergibt – na? Richtig, ein Ei. Wohlgemerkt: Das machen Sie alles im Kopf; Sie dürfen sich dabei nichts aufschreiben. Probieren Sie es aber mal mit dem Satz »Eididei, Krautsalat tatsächlich tugendhaft«. Bilden Sie einen neuen Satz aus den Buchstaben:

Wort 1: 3,2,1.
Wort 2: 6,7,9,10.
Wort 3: 9,4,3.
Wort 4:3,2,1.

Sie fanden den zufriedenen Ausruf eines Bauern heraus, wenn Sie die notwendige Vorstellungs- und Abstraktionskraft hatten.

Übung: Gleich noch eine Übung aus dem gleichen Programm. Numerieren Sie den folgenden Satz Wort für Wort im Kopf durch: »Als Paul das Zimmer betrat, lief seine Frau ins Bad.« Bilden Sie nun einen neuen Satz aus den Worten 8,2,5,3,4, ohne hinzusehen!

Und noch einmal.
»Es schlief der Herr Grube sanft und fest, es spielte das Häschen in seinem Nest, es saß der Bauer im Acker fest.«
Ein 22-Worte-Satz, den sich jedes Kind merken kann. Sie haben nun aber wieder die Aufgabe, die einzelnen Worte im Kopf durchzunumerieren – zugegeben: eine Aufgabe für Fortgeschrittene – und dann einen neuen Satz zu bilden, und zwar aus den Worten:

12, 13, 3, 5, 17, 7, 2.

Ob Sie das schaffen, hat sehr viel mit Auffassungsgabe und Verarbeitungsgeschwindigkeit zu tun, aber überhaupt nichts mit Bildung. Sie können also einem Kollegen mit höherem Bildungsgrad (Abitur, Studium usw.) durchaus überlegen sein, wenn Sie schneller denken als er – wenn Sie also Ihre Intelligenz schulen. So machen Sie manch einen Minuspunkt wett, der Ihrer Karriere bisher im Wege stand!

10 »Ich kann mir keine Gesichter merken!«

Wissenschaftler aus Gießen haben den IQ von Nobelpreisträgern untersucht. Das Ergebnis war enttäuschend: Sooo intelligent sind sie gar nicht, allenfalls ein bißchen über dem Durchschnitt. Wir lernen daraus: Die Geschwindigkeit, mit der man Informationen aufnimmt und verarbeitet, kann mindestens so wichtig sein wie ein hoher Intelligenzquotient. Diese Aufnahmegeschwindigkeit wird auch durch die folgenden Übungen trainiert.

Übung: Sehen Sie sich die folgenden Buchstaben an, decken Sie die Seite mit der Hand zu und wiederholen Sie die Buchstaben im Kopf:

XLRÜYL

Hängen Sie nun solange einen weiteren Buchstaben hinten dran, bis Sie Schwierigkeiten kriegen, sich die Reihe zu merken. Morgen fangen Sie bei der letzten Reihe an, die noch problemlos ging und steigern sich dann von Tag zu Tag.

Sie »entrosten« Ihr Gehirn dabei nach und nach. Denn träge und faul wird niemals die gesamte Gehirnmasse; es sind immer nur bestimmte Bereiche, die unterfordert sind und dringend Nachhilfe brauchen. Es kann gut sein, daß Sie sich Bilder oder Gerüche phantastisch merken können, aber schon bei einer Reihe von fünf Buchstaben Ihre

Schwierigkeiten haben. Wenn das so ist, dann flitzen Ihre Botenstoffe in einem bestimmten Bereich Ihres Gehirns einfach schneller als in dem anderen – tatsächlich gibt es faule und fleißige Abteilungen im Gehirn, so wie es sie in jeder Firma gibt.

Übung: Wenn Sie mit der optischen Wahrnehmung Probleme haben (»kann mir keine Gesichter merken«), dann können Sie diesen Teil Ihres Gehirns wunderbar in einem Museum schulen. Suchen Sie sich ein Bild aus. Betrachten Sie es genau. Drehen Sie sich dann weg und schreiben Sie auf einen Notizblock, was auf dem Bild zu sehen ist.

Manche Menschen haben ein phantastisches Zahlengedächtnis. Sie können ganze Kolonnen von Zahlen im Kopf behalten, ohne ins Stottern zu geraten.
Diesen Teil Ihres Gehirns schulen Sie am besten, indem Sie jeder Zahl einen neuen Begriff beiordnen. Die 0 sieht zum Beispiel aus wie ein Ei. Die 1 ist ein Schornstein. Die 2 sind Zwillinge. Die 3 ein Kleeblatt. Die 4 ein Quartett. Die 5 ein Stern mit fünf Zacken. Die 6 steht für Sex. Die 7 für die sieben Zwerge. Die 8 für die Achterbahn, die 9 fürs Kegeln (alle Neune). Aber diese Begriffe sind willkürlich: Vielleicht assoziieren Sie bei der 1 viel lieber einen Einbaum oder einen Segelmast.

Übung: Nun geht's los. Sie erfinden zu einer willkürlichen Zahl eine kleine Geschichte. Und merken sich so die Zahl.

7069: Die sieben Zwerge (7) essen erst Eier (0), dann machen Sie Sex (6) und gehen kegeln (9)

215: Zwillinge (2) sitzen auf dem Schornstein (1) und sehen einen Stern (5).

Wenn Sie das eine Weile trainieren, schaltet Ihr Gehirn nach und nach automatisch auf Begriffe um, wenn es sich Zahlen merken soll. Irgendwann läßt es die Begriffe dann weg, und Sie haben Telefon- und Hausnummern so spielend im Kopf, als wenn Sie sie aufgeschrieben vor sich hätten.

Das funktioniert im Gehirn so: Der Botenstoff signalisiert eine 0 ans Gehirn – parallel dazu sondert der Speicher »Ei« ab – Gehirn greift auf »Ei« zurück, wenn das Signal »0« zu spät oder gar nicht ankommt. Sie merken von diesem Vorgang nichts. Er läuft im Unterbewußtsein ab. Wichtig ist nur, daß Sie sich täglich mindestens zehn Minuten Zeit für solche oder andere Übungen lassen. Übrigens: fünfundsiebzig null sechs. Was natürlich heißt, daß die Zwerge (7) im Sternenlicht (5) harte Eier (0) für den Sex (6) essen.

Ein interessantes Experiment aus Amerika zeigt, daß die Auffassungsgabe des Gehirns von Ratten rapide ansteigt, wenn verschiedene Generationen zusammenleben. Das läßt Rückschlüsse darauf zu, daß das klassische Wohnmodell – Großeltern, Eltern und Kinder unter einem Dach – für die geistige Fitneß das beste ist.

Forscher C. Diamond sperrte zwei Gruppen von Ratten in Käfige. Ihr Lebensalter (600 Tage) entsprach in etwa dem Menschenalter zwischen 50 und 60.

Im einen Käfig waren nur gleichaltrige Ratten. Bei ihnen wurde schon nach wenigen Monaten ein Abbau der Gehirnmasse festgestellt.

Im anderen Käfig tobten zwischen den »60jährigen« junge Ratten herum, es gab Spielgerät und allerlei Jokus.

Das Hirn dieser Ratten blieb bis ins hohe Alter fit, und sie entwickelten ihre Intelligenz sogar weiter — indem sie zum Beispiel lernten, mit der Schnauze eine Klappe für frisches Futter runterzudrücken und mit schlafwandlerischer Sicherheit den Weg durch ein Labyrinth zu finden.

Das Altenheim scheint also nicht gerade der richtige Ort zu sein, um die grauen Zellen in Schwung zu halten.

11 Erst joggen – dann kündigen

Wenn Sie jemandem was Wichtiges sagen wollen, zum Beispiel eine Liebeserklärung machen oder einen Arbeitsvertrag kündigen, dann sollten Sie vorher drei Stockwerke ohne Fahrstuhl runter- und wieder raufrennen.

Körperliche Bewegung regt das Gehirn schockartig an, es formuliert gekonnter, verliert seine Hemmungen.

Das ist kein Wunder. 40 Prozent des gesamten Zuckers, der im Körper produziert wird, geht nämlich fürs Denken drauf.

Um aus Zucker Denk-Energie zu machen, muß er aber mit Hilfe von Sauerstoff verbrannt werden. Beim Treppenlaufen wird mehr Sauerstoff aufgenommen, mehr Denkenergie entsteht.

Sie merken das Ergebnis sofort. Allerdings sollten Sie warten, bis Ihr Puls sich wieder beruhigt hat; keuchend kündigen kommt nicht so gut.

Wer keine Treppen steigen mag, sollte vor schwierigen Vorhaben wenigstens ein bißchen gehirnjoggen. Denn wenn Sie jemanden überzeugen wollen, müssen Sie während des Gespräches blitzschnell (um-)schalten können. Überzeugen ist also vor allem eine Frage der Denkschnelligkeit.

Sie lernen jetzt Übungen kennen, die Ihre Überzeugungskraft beträchtlich erhöhen können. Sie steigern nämlich die Schaltgeschwindigkeiten an den Synapsen (jenen Weichen, an denen die Botenstoffe weitergereicht werden).

Übung: Hier sehen Sie links und rechts je fünf Wortsilben. Nehmen Sie einen Stift, stoppen Sie die Zeit und verbinden Sie die richtigen Bruchstücke mit einem Strich, aber niemals mit einem waagerechten Strich!
Sie sollten nicht mehr als zehn Sekunden brauchen, dann liegt Ihre Denkschnelligkeit im Durchschnittsbereich.

NE	TEN
GAR	SEL
KRA	BEL
AU	GEN
SES	TO

Da war ein Trick versteckt. Wenn's schnell gehen soll, versucht das Gehirn nämlich zu schummeln wie ein gerissener Schüler. Erstaunlich viele Testpersonen – auch solche mit rascher Auffassungsgabe – machen bei AU-GEN spontan einen waagerechten Strich, obwohl das ausdrücklich nicht gefordert war (statt dessen passen natürlich AUTO und KRAGEN zusammen).
Auch die nächste Übung können Sie täglich spielerisch wiederholen; dafür haben Sie 20 Sekunden Zeit – und steigern Sie bitte tagtäglich den Schwierigkeitsgrad.

Übung: Links ein Wort. Rechts eine Buchstabenreihe. Das Wort ist darin versteckt, nur rückwärts. Kreisen Sie es blitzschnell ein!

RAUM	HPWKVYMUARPQÜR
SIEG	ÖYMQALGEISÜFIR
MUND	JEVNXPROYDNUMM
WEIN	QÜRODNLNIEWQPS

Ihr Gehirn ist nicht darauf vorbereitet, Buchstaben rückwärts zu lesen. Aber es gewöhnt sich rasch daran. Und es gewöhnt sich dann auch daran, andere ungewohnte Tätigkeiten spielerisch zu meistern. Nach einer solchen Übung ist der beste Moment, eine ernsthafte geistige Leistung zu vollbringen.

Übung: Die nächste Übung ist etwas schwerer. Links wieder mehrere Worte untereinander. Rechts in dem Wortsalat sind sie zwar auch rückwärts versteckt. Aber es hat sich jeweils mitten in diesen rückwärts zu lesenden Wortblöcken ein Irrläufer eingeschlichen. Den finden Sie so schnell wie möglich heraus und schreiben ihn auf – hintereinander gelesen, ergeben die Irrläufer ein (wiederum rückwärts geschriebenes) Wort, das Ihnen bekannt vorkommen wird.

MOOS	oeibjwsoogmpeu
SEELE	kslfghelenespe
KIND	dniikkwuidfhfg
HUT	ouzoiuznbhtguh
WEIB	kjcrxcbigewoio
WEIN	nioewslpoioiqw
KNECHT	optrtthcenjkaa
RUTE	etnurokswüyaqw
AST	jortgtrsaezaoo
AUGE	phtdexegiuanjm
ZAHN	onunhhazdokugt
KUH	pqohuheukbpüys
WESTE	etgsewpüdöflew

Es gibt noch mehr Tricks, wie Sie Ihr Gehirn schulen können. Die Inder stellen sich bekanntlich mehrmals täglich auf den Kopf. Das ist kein religiöses Ritual, sondern durchaus vernünftig. Das Gehirn wird kurzfristig extrem stark durchblutet, es denkt danach besser.

Viele Ärzte bei uns empfehlen, täglich ein paar Minuten mit dem weltberühmten Rubik-Würfel zu spielen. Es gibt verschiedene Versionen davon. Manche sind so kniffelig, daß man daran schier verzweifeln möchte – aber all das übt und trainiert die Denkgeschwindigkeit.

Krankenhäuser machen dumm; wenn Sie mal hinmüssen, dann nehmen Sie was zum Gehirnjoggen mit.

Ärzte aus Erlangen baten Patienten direkt nach ihrer Einlieferung in verschiedene Kliniken im ganzen Bundesgebiet um einen Intelligenztest. Denselben Test wiederholten sie nach nur zwölf Tagen.

Der Intelligenz-Quotient war in diesen Tagen dramatisch gesunken – um bis zu elf Punkte, also zum Beispiel von 100 auf 89!

Dafür gibt es mehrere Erklärungen: 1.) Schon die alten Römer wußten: »Ein gesunder Geist wohnt in einem gesunden Körper« (»mens sana in corpore sano«). 2.) Wer krank ist, bewegt sich wenig (= Hirn schlecht durchblutet). 3.) Im Krankenhaus sinkt die Laune (man »läßt sich hängen«, sagt man ja). Das Gehirn läßt sich auch hängen, fordert Informationen nur schleppend an, Botenstoffe trödeln, schon geht die Intelligenz flöten.

Übung: Eine ideale Übung fürs Krankenbett ist aber das »Reihen finden«, weil man es sehr gut mit einem Zimmergenossen machen kann und nur Papier und Stift dazu braucht. Hier ist eine Zahlenreihe: 0,2,4,6,8

Nach welchem Prinzip ist sie gebaut? Ganz einfach: immer eine Zahl überspringen. Nun finden Sie aber so schnell wie möglich das Prinzip der nächsten Zahlenreihe heraus!

Unten steht die Lösung, die Sie jetzt bitte erstmal abdekken...

1,2,4,7,11,16.

Na, geschafft? Sie haben eben eine Menge Zucker verbraucht. Das Prinzip hieß: immer eins mehr hinzuzählen (1+**1**=2, 2+**2**=4, 4+**3**=7 usw.). Übrigens klappen diese Übungen beim zweiten Mal schon viel besser, weil das Gehirn wie ein Jagdhund erstmal die geistige Fährte erschnüffeln muß.

12 Im Streß sind Sie unschlagbar

Der russische Neurologe Aleksandr Lurija hatte einen Patienten, der einfach nichts vergessen konnte. Die Gabe, einen Speicher zu löschen, war ihm versagt geblieben. War das Ergebnis nun ein oberschlauer Computer auf zwei Beinen?

Nein; der arme Kerl war im Gegenteil vollkommen verwirrt und konnte kaum ein Buch lesen.

Psychologen behaupten, daß unser aller Selbstwertgefühl unter Null wäre, wenn wir nicht vergessen könnten. Wir müßten uns dann ja an jede einzelne Pleite in unserem Leben bis zum letzten Tag erinnern und könnten nichts im nachhinein beschönigen.

Gehirnjoggen heißt deshalb nicht, daß Sie sich künftig möglichst viel merken sollen – sondern Sie schulen die Gabe, Wichtiges von Unwichtigem zu trennen und wiederzuerkennen und Nebensächlichkeiten links liegen zu lassen. Außerdem lernen Sie, so mancher Falle aus dem Weg zu gehen, weil Sie sie frühzeitig erkennen und entschärfen können.

Genau dazu helfen auch die folgenden Übungen, also Vorsicht – in manche sind schon ganz üble Fallen eingebaut, so wie sie das Leben ja auch Tag für Tag für uns parat hat. Sie werden's gleich merken.

Übung: Links finden Sie nun wieder fünf Begriffe und rechts einen ziemlichen Wortsalat. Im Wortsalat enthalten ist jeweils das Wort von links; mal richtig rum und mal von hinten. Kreisen Sie auf der rechten Seite das Wort der linken Seite ein. Aber – nicht so schnell wie möglich, sondern in exakt zwei Sekunden.

Sie sprechen dabei also die Sekunden mit: »ein-und-zwan-zig, zwei-und-zwan-zig.« Und stop und eine Sekunde Pause und weiter zur nächsten Reihe.

Die Sekunden zählen Sie bitte unbedingt laut. Los geht's, her mit dem Stift.

```
SCHULE       ROTPGSCHULÄEELUHCS
KIND         IUWEROLINMOKINDKIN
ROLLMOPS     ROLLMPSRRFROLLMOPS
BLEISTIFT    BLEISTIFDTFITSIELB
ROT          ROTTOWRKLESDROLROD
```

Wenn Sie wirklich laut mitgezählt, die Zeit eingehalten und keinen Fehler gemacht haben, dann sind Sie schon ganz schön gut. Der Trick besteht natürlich darin, daß man – durchs laute Sekundenzählen abgelenkt – nicht genau aufpaßt und SCHULÄ einkreist, bevor man feststellt, daß die richtige Schreibweise am Ende des Wortsalates zu finden ist, nur eben rückwärts.

Wenn Sie bei solchen Übungen auffallend viele Fehler machen, dann überlegen Sie mal, wie oft Sie in einer ganz ähnlichen Situation sind. Abgelenkt – und plötzlich muß trotzdem eine Entscheidung fallen –, und schon ist der Fehler da. So ist es schon, wenn Sie Auto fahren, beim Kochen oder im Job sowieso.

Unser Gehirn neigt im Streß zum Schummeln. Es sucht sich gern die erstbeste Lösung heraus und hofft, daß sie schon richtig sein wird. Wenn Ihr Chef Ihnen aber unvermittelt eine Fangfrage stellt. Wenn Sie am Telefon eine Spontanantwort geben müssen oder im Gespräch blitzschnell zu einer Notlüge greifen möchten, um einen unliebsamen Besucher abzuwimmeln oder das Gespräch rasch auf ein anderes Gleis zu bringen – dann wird wichtig, ob Ihr Gehirn »auf den Punkt« denken kann oder ob es in der Hast nur zur zweitbesten Lösung greift.

Sie kennen den Satz: »In dem Moment hätte ich mal das und das sagen müssen, aber es ist mir leider erst hinterher eingefallen.« Der Satz fällt täglich bestimmt ein paar tausendmal in Deutschland. Jetzt wird klar, warum. Das Gehirn funktioniert im Ruhezustand wunderbar und hat die besten Einfälle, aber im Streß sind die richtigen Sätze einfach nicht parat.

Wenn Sie im Streß sind, dann erhöht sich Ihr Adrenalin-Ausstoß. Adrenalin ist nämlich das Streß-Hormon. Es hat einen einzigen Nachteil: Es kann die Tätigkeit der Botenstoffe stark bremsen oder sogar vorübergehend stoppen. Flitzen die Botenstoffe aber nicht, dann kommt auch kein Gedanke im Gehirn an. Jedenfalls kein kluger.

Darum hat manch ein Student im Examen seinen black out und kann nicht mal mehr seinen Namen schreiben. Darum laufen Unfallopfer manchmal verwirrt über die Autobahn. Und darum ist es so wichtig, daß Sie Ihr Gehirn auch mal unter Streß trainieren. Wir üben das gleich.

Die Ausbildung zum Piloten läuft ähnlich ab. Schon bei den Eignungstests wird die Verknüpfungsgeschwindigkeit des Gehirns unter Zeitdruck getestet – wer langsam denkt, hat keine Chance auf den Job. Später, im Flugsimulator, wird die zielgerichtete Reaktionsfähigkeit immer genauer, die Fehlerquote immer geringer. Schließlich geht es im Ernstfall um Leben und Tod, also die höchste denkbare Streßbelastung, der ein Mensch ausgesetzt sein kann.

Sie werden sich jetzt mit einem Thema intensiv befassen und dabei ein anderes möglichst gut erledigen. Das sollten Sie künftig jeden Tag spielerisch tun. Es kommt Ihrem Job zugute!

Übung: Sie lesen hier die ersten Zeilen des berühmten Osterspazierganges aus Faust I von Goethe. Lernen Sie diese Zeilen bitte auswendig. Sie lauten:

Vom Eise befreit sind Strom und Bäche durch des Frühlings holden, belebenden Blick. Im Tale grünet Hoffnungsglück. Der alte Winter in seiner Schwäche zog sich in rauhe Berge zurück ...

Auswendig lernen, bis Sie es wirklich können. (Spätestens zu Ostern können Sie Ihre Familie dann mit diesem wunderschönen Zitat verblüffen; man lernt bekanntlich nie was umsonst.)

Nun nehmen Sie Papier und Stift und malen den Weg zu Ihrer Arbeitsstelle in groben Zügen auf (oder zu Freunden, zum Arzt, zur Kirche – irgend einen vertrauten Weg.)

Während Sie aber die Skizze malen, wiederholen Sie unaufhörlich mit lauter Stimme die eben gelernten Worte. Das versuchen Sie mal. Es ist, zugegeben, eine Übung für Fortgeschrittene, aber es muß ja nicht gleich beim ersten Anlauf klappen.

Wenn Sie die Übung gemacht haben, dann machen Sie sich bitte klar, daß Sie soeben ganz nebenbei Ihr Krebsrisiko gesenkt haben. Die Wissenschaftler wissen noch nicht genau, warum eifriges Gehirnjogging auch in bezug auf Krebs so gesund ist; vermutlich stärken gut »geölte« Botenstoffe das Immunsystem des ganzen Körpers – eben nicht nur im Gehirn.

Und noch eins: Nach wie vor weiß man nicht genau, ob mentales Training das Wachstum von entarteten Zellen stoppen kann oder nicht. Wenn sich ein Krebskranker jeden Tag intensiv auf seine Krankheit konzentriert (zum Beispiel mit Merksätzen, die Sie schon trainiert haben, so nach dem Motto: »Meine Geschwulst wird immer kleiner und kleiner.«): Kann es sein, daß sie dann wirklich verschwindet? Manche Experten (zum Beispiel Hypnosetherapeuten) schließen das nicht aus. Ein heikles Thema, über das es bisher nur Vermutungen gibt.

13 Das nächste Buch begreifen Sie wirklich

Jeder von uns hat ein paar Bücher im Schrank, die schon längst hätten gelesen werden sollen – aber sie sind einfach zu schwer.

Wir haben nicht die Muße, sie ganz langsam und zur Not jede Seite zweimal zu lesen. Wir fangen sie an und legen sie weg und stauben sie hin und wieder ab. Das ist nun vorbei.

Wenn Sie ein paar Wochen intensives Lesetraining eingelegt haben, dann sollten Sie sich so einen Wälzer mal wieder vornehmen. Sie werden feststellen, daß Sie plötzlich leichter begreifen, schneller lesen, seltener zurückblättern müssen und alles in allem viel aufnahmefähiger für schwierige Zusammenhänge sind.

Was geschieht beim Lesen dieser Zeilen (die allerdings nun wirklich nicht schwer zu begreifen sind)? Ihre Augen melden die Information ans Gehirn. Diese Übermittlung übernehmen die Botenstoffe in einem elektrochemischen Verfahren. Das Gehirn setzt die Information um; es begreift und speichert ab.

Gleichzeitig vergleicht es die Information mit bereits fest eingespeicherten Tatsachen und verknüpft neue und alte Informationen zu einem neuen Gesamtbild. Also: Sie glauben diese Zeilen, oder Sie mißtrauen ihnen. Sie nicken zustimmend oder runzeln die Stirn. Sie stimmen zu oder lehnen ab, sind fasziniert oder gelangweilt. All das ist ein Zusammenspiel von Optik, Hirn und Gefühl.

Wenn Sie ein Buch nicht begreifen, wenn sie es »zu schwer« finden, dann funktioniert Ihre Optik zwar tadellos. Das Problem beginnt erst weiter oben, hinter der Stirn. Dort werden die einlaufenden Informationen nicht richtig verarbeitet, das Gehirn kann nicht folgen, es ist zu träge, es ist einfach nicht darauf trainiert, blitzschnell einen komplizierten Sachverhalt, den das lesende Auge nach oben meldet, einzuordnen und abzuspeichern.

Genau diese Tätigkeit können Sie aber wunderbar trainieren – wenn Sie Ihr Gehirn zwingen, eine Weile richtige Hausaufgaben zu machen. Dafür sollten Sie sich etwa drei Wochen Zeit nehmen; täglich eine halbe Stunde reicht vollkommen aus.

Wenn Ihr Kind Vokabeln lernt, was machen Sie dann? Sie fragen es hinterher ab, ob es auch alles begriffen hat. Ob es die fremden Worte gespeichert hat. So machen Sie es auch mit Ihrem Gehirn.

Übung: Nehmen Sie sich ein schwieriges Buch und lesen Sie genau solange, bis Sie abzuschlaffen beginnen. Legen Sie das Buch danach weg. Nehmen Sie Papier zur Hand und schreiben Sie auf, was Sie gerade gelesen haben – Stichworte genügen. Danach lesen Sie weiter. Bis es Ihnen wieder schwerfällt. Halt – Pause – Papier zur Hand – und aufschreiben.

Nach drei Wochen werden Sie feststellen, daß Sie plötzlich viel längere Passagen in einem Rutsch durchlesen können als am Anfang. Ihre Fähigkeit, etwas Kompliziertes zu begreifen, kann auf diese Weise bis zum Zehnfachen gesteigert werden. Parallel dazu steigt Ihre generelle Aufnahmefähigkeit, nicht nur die beim Lesen.

Als die BILD-Zeitung 1992 eine große Serie zum Thema »Gehirnjogging« veröffentlichte – geschrieben wurde sie vom Autor dieses Buches –, da kam ein empörter Leserbrief ausgerechnet von der »Deutschen Gesellschaft für Gehirntraining«. Es schrieb an BILD einer der Ausbildungsleiter der Gesellschaft, Gottfried Panier.

»Ihre Serie über das Gehirn verletzt mich tief«, schrieb er. »Seit Jahren versuche ich, meiner Frau ein bißchen höfliches Interesse für die Arbeit des Gehirns abzugewinnen. Nun trainiert sie ihr Gehirn plötzlich jeden Morgen, und drauf gekommen ist sie durch Sie...«

Wir zitieren diesen Brief, weil Sie Ihr Gehirnjogging-Programm tatsächlich möglichst zu zweit durchziehen sollten. Sie werden feststellen, wie der Ehrgeiz erwacht, wenn Ihr Partner oder Ihre Partnerin die Übungen ein paar Sekunden schneller bewältigt als Sie.

Wenn ein paar Millionen Deutsche regelmäßig gehirnjoggen würden, dann hätte unser Land einen genau um 14 Punkte höheren Intelligenzquotienten. Soviel ist durch regelmäßiges Training möglich, haben Wissenschaftler ausgerechnet. Wenn Sie heute also einen IQ von 100 haben, können Sie in wenigen Monaten schon bei 114 stehen.

Vielleicht gehörten Sie zu den begeisterten Zuschauern der RTL-Serie »Traumhochzeit«, wo die Paare vor der Kamera ihr Jawort gaben. Haben Sie zufällig die Sendung gesehen, in der lauter bekannte Liebespaare aus der Geschichte und aus Romanen gezeigt wurden und die Kandidaten hinterher aufzählen mußten, wen sie gesehen hatten?

Es waren durchweg junge Leute, und das Ergebnis war beschämend. Die waren nicht mal in der Lage, sich »Romeo und Julia« zu merken. Statt dessen rieten sie munter drauf los, eine junge Frau rief sogar »Schneewittchen und die sieben Zwerge« ins Mikrofon – als sei das ein Liebespaar gewesen. Gehirnjogging ist also durchaus nicht nur was für gesetztere Leute, sondern gerade die jungen Leute sollten dringend was für ihre Merk- und Denkfähigkeit tun.

Übrigens ist das ein gutes Beispiel für die Arbeit des Gehirns. Die Botenstoffe der Kandidatin forsteten (unter Streß!) vergeblich das Ultrakurzzeitgedächtnis nach den Namen der soeben gehörten und gesehenen Liebespaare durch. Da wurden sie aber nicht fündig – der Speicher war leer, bzw. er gab nichts her (schlecht trainiert!). Nun flitzten die Botenstoffe verzweifelt weiter ins Langzeitgedächtnis und holten sich dort alles heraus, was auch nur annähernd zum Thema Liebespaare zu passen schien. Freud hätte natürlich seine helle Freude daran gehabt, daß der Gehirnspeicher der jungen Dame die sieben Zwerge und Schneewittchen für ein Liebespaar hielt.

Im Ernst: Es gilt, immer wieder das Ultrakurzzeitgedächtnis zu schulen, damit die Botenstoffe nicht hilflos herumirren und sich am Ende dummes Zeug heraussuchen. Fast ebenso gefährlich ist es aber, wenn der Ultrakurzzeitspeicher vorübergehend abschaltet. Das kommt häufiger vor, als Sie vielleicht denken.

Es sind Situationen, in denen man so dahinsagt: »Entschuldigung, ich habe gerade nicht zugehört. «

Natürlich hat man es gehört; die Ohren waren ja nicht verstopft. Nur – der Speicher war für einen Moment außer Betrieb. Es blieb nichts hängen. Es rauschte so vorbei. »Der peinlichste Moment meiner Karriere«, sagt der 43jährige Medienspezialist Peter Kampmann, »war auf einer Tagung für Führungskräfte eines bedeutenden deutschen Verlages. Vorn saßen sämtliche Top-Manager des Hauses, und wir leitenden Mitarbeiter durften kluge Fragen stellen. Ich wagte es auch und erntete für meinen Beitrag sogar Beifall. Danach kam eine ziemlich langweilige Phase, mein Nachbar zur Linken schnarchte schon vernehmlich, und ich habe wohl auch einen Moment abgeschaltet. Danach jedenfalls beschloß ich, meinen Erfolg zu verdoppeln, und meldete mich noch einmal mit einer intelligenten Frage. Ich stellte sie, setzte mich – und es herrschte peinliches Schweigen im Saal: Genau die gleiche Frage, genau mit den gleichen Worten, hatte einer direkt vor mir gestellt! Ich hätte in den Boden versinken mögen, aber es war zu spät...«

Der Mann hatte natürlich alles gehört, was in dem Saal besprochen wurde. Nur für zwei oder drei Minuten hatte sich sein Ultrakurzzeitspeicher abgemeldet. Mittagspause. Vielleicht wegen zuwenig Sauerstoff oder zuviel Champagner in der Nacht zuvor. Oder zu wenig Gehirnjogging.

Wenn Sie Ihren Speicher nämlich täglich trainieren, dann passiert ihm so eine Pleite nicht. Da können Sie ganz deutlich sehen, wofür die Aktivitäten, die wir Ihnen hier nahelegen, in der Praxis gut sein können. Sie können tatsächlich Karrieren entscheiden.

Übung: Sie finden hier drei Rechenaufgaben aus dem großen und dem kleinen Einmaleins. Alle drei lassen sich ohne Mühe im Kopf lösen. Tun Sie das, und schreiben Sie danach die komplette Aufgabe mit der Lösung – ohne ins Buch zu gucken! – auf ein Papier. Sie müssen also nicht nur kopfrechnen, sondern auch noch die Aufgabe für wenige Sekunden abspeichern. Verfahren Sie bei der zweiten und der dritten Aufgabe genauso. Sie werden verblüfft feststellen, daß Ihnen die dritte recht leicht fällt, obwohl sie den gleichen Schwierigkeitsgrad hat.

1. Aufgabe: 13 mal 2. Plus 7 mal 4. Plus 3 mal 2.
Ist...

2. Aufgabe: 4 mal 12. Geteilt durch 3. Minus 16.
Ist...

3. Aufgabe: 8 mal 12. Plus 4. Minus 50. Plus 10.
Ist...

Irgendwie arbeitet Ihr Gehirn nun aber doch wie ein Computer (die Unterschiede zwischen Chip und Nervenende haben wir ja schon kennengelernt). Bei der ersten Aufgabe löst man zum Beispiel erst die leichten Teile ($7 \times 4 = 28$, $3 \times 2 = 6$, $28 + 6 = 34$) und geht dann erst an die schwerere ($13 \times 2 = 26$), bevor man 34 und 26 zusammenzählt und auf 60 kommt. Das letzte Drittel der Aufgabe (13×2) wird also für einen Moment im Kurzzeitspeicher abgelegt. Und genau das hilft Ihnen im Alltag, Namen, Telefonnummern, Zusammenhänge für kurze Zeit zu behalten.

Computer machen es auch so. Und sie greifen manchmal auch daneben, wenn sie in einem Speicher nichts finden. Der Computer, auf dem dieses Buch-Manuskript getippt wurde, antwortet zum Beispiel auf die Frage: »Wohin geht die Reise?« mit der sinnlosen Antwort: »Danke, mir geht es gut.« – weil er die Frage nicht begreift, sondern nur ein Wort daraus kennt, nämlich »geht«. Er kombiniert: »Wenn in der Frage das mir bekannte Wort ›geht‹ vorkommt, dann wird wohl gefragt werden, wie es mir geht.« Diese Frage beantwortet er auf Verdacht. Und gänzlich daneben.

14 So werden Sie schlagfertig

Die Geschäftsführer der Horten-Warenhäuser sind im Denken schneller als ihre Kollegen von anderen Konzernen. Horten hat seine Leute aus dem mittleren Management kürzlich zum Gehirnjoggen geschickt; die Gesellschaft für Gehirntraining übernahm diese Aufgabe. Kursusziel: Steigerung der Merkfähigkeit mit Übungen wie in diesem Buch. Die Manager waren begeistert.

Hier eine spannende Übung, die sämtliche Ecken des Hirns aktiviert, auch die schlummernden. Man kann sie prima bei Ampelrot, im Wartezimmer, vorm Einschlafen machen. Künftig wird es für Sie keine tote Zeit mehr geben. Sie werden sogar für einen Stau dankbar sein, weil sie dann endlich in Ruhe Ihre Übungen machen können. Diese heißt: Aus alt mach neu.

Übung: Unglaublich, was alles geht. Im Begriff »Briefkasten« sind zum Beispiel über 200 andere Wörter enthalten, von After und Arsen über Triebe und feist bis zu niesen und Trans. Ein herrliches Spiel auch für trübe Abende. Wer findet die meisten Wörter, die in einem bestimmten Wort enthalten sind? Machen Sie mit.

Abendbrot: Da ist natürlich Abend drin, rot, Tor, Tod, Baron, ordne, darben. Finden Sie weitere Worte, die in Abendrot enthalten sind.

Morgenstern: Morgen und Stern und Sorge und Gestern. Und was noch?

Donaudampfschiffahrtskapitänswitwe: Donau, Dampf, Schiff, Fahrt, Kapitän, Witwe. Ausfahrt, Capito, Onanie, Pfeifton, eins, drei, Kap Horn, dreist, Wirt, Fischer, Paket, und und und, bilden Sie neue Worte, und zwar immer im Kopf und ohne hinzusehen. Das übt.

Stadt, Land, Fluß spielen ist fürs Gehirn übrigens besser als Schach, sagen Forscher. Weil bei Schach nur der logische Teil des Gehirns gefordert wird, beim Kinderspiel aber auch die Phantasie.

Begriffe aufnehmen, blitzschnell verarbeiten und im gleichen Moment anderen Begriffen zuordnen ist das Erfolgsgeheimnis von Menschen, denen scheinbar alles mühelos zufliegt. Sie stehen auf Parties im Mittelpunkt, weil ihnen zu jedem Spruch noch ein besserer einfällt. Sie jonglieren mit Worten wie ein Zirkusclown mit Bällen. Sie nehmen im Betrieb die Idee eines Kollegen auf und spinnen sie weiter; das Ergebnis geht dann natürlich auf ihr Konto. Sie sind glänzende Entertainer. Jeder Chef sucht ihre Nähe; im Flugzeug winkt er sie an seine Seite. Sie bereichern eine Debatte. Sie sind locker und gelassen. Wenn der Text für eine Anzeige oder einen Werbebrief geschrieben werden muß, dann liefern sie den Knüller in Sekunden — andere Kollegen haben zigmal so lange an einem halb so guten Ergebnis gebastelt. Sie halten beim Geburtstag der Oma die absolut perfekte Stegreifrede. Man fragt sie um Rat, wenn man nicht weiß, was man schenken soll; denn sie haben immer Super-Ideen. Sie sind — einfach kreativ.

Machen Sie sich nichts vor: Sie kennen auch so jemanden.

Und – Sie wären auch gern so. Nun, machen Sie die Übungen aus diesem Buch, dann wollen wir doch mal sehen. Ein Beispiel.

Auf Ihrer eigenen Geburtstagsparty hebt ein Schlaumeier sein Glas und ruft Ihnen zu: »Auf daß du niemals so alt aussiehst, wie du heute schon bist!« Die Leute jubeln und lachen, und Sie schlucken und gucken. Da fällt Ihnen nix zu ein. Schade. Darauf der richtige Spruch, das wär's doch gewesen.

Bei regelmäßigem Gehirnjogging jedoch hätten Sie das Gesagte blitzschnell verarbeitet und in einen neuen Zusammenhang gestellt. Sie hätten Ihr Glas erhoben und ebenso blitzschnell wie fröhlich zurückgerufen: »Auf daß du jemals so alt wirst, wie du heute schon aussiehst!«

Sehen Sie – das nennt man schlagfertig, das bringt die Lacher auf Ihre Seite, und das genau ist das Ergebnis von regelmäßigem Gehirntraining.

Denn was – vorausgesetzt, der Spruch wäre Ihnen eingefallen – haben Sie gemacht?

Sie haben die nicht mal ganz dumme, aber doch etwas anzügliche Kombination von Alter und Aussehen via Ohr aufgenommen, per Botenstoff ins Gehirn transportiert, im Gehirn blitzartig Alter und Aussehen abstrahiert und in einen neuen Zusammenhang gestellt, und es wurde im Bruchteil einer Sekunde aus »so alt aussehen, wie du bist« »so alt werden, wie du aussiehst«. Das haben Sie getan oder besser: Das hätten Sie gern getan. Na, kann ja noch werden.

In der Firma läuft es genauso ab. Wer kennt nicht diese endlosen Konferenzen, in denen jeder Dummkopf mühsam seinen Standpunkt vorträgt. Am Ende meldet sich jemand zu Wort und bringt die Sache auf den Punkt, und das ist dann der Gewinner.

Künftig werden Sie der Gewinner sein.

Zuordnen ist nämlich lernbar. Die nächste Übung macht Sie so fit, daß Sie jeden dummen Spruch kontern können, wenn Sie die Übung nur oft genug variieren.

Übung: Links stehen sieben Begriffe – rechts stehen 14 dazugehörige Wörter, aber die sind verrutscht. Nehmen sie einen Stift und ordnen Sie neu zu. Sie haben dafür 15 Sekunden Zeit.

Liebe	Information, Nachrichten
Garten	Ampel, Stau
Urlaub	Währung, Münzen
Geld	Überstunden, Weiterkommen
Zeitung	Hotel, Sonne
Auto	Säen, ernten
Karriere	Küssen, schmusen

Zwischendurch mal ein kleiner Hinweis. Wenn Sie dieses Buch durchgelesen haben und Ihnen die Anregungen noch nicht genügen, die wir Ihnen hier geben können, dann sollten Sie sich dringend bei der Gesellschaft für Gehirntraining nach Seminaren, Kursen und weiterer Lektüre erkundigen. Deutschlands Süden schreibt an GfG, Postfach 1420, 85560 Ebersberg. Der Norden wendet sich an GfG, Herrn Gottfried Panier, Postfach 13, 21439 Marxen.

Nun eine Aufzählung von sinnvollen Tätigkeiten, die Ihr Gehirn schulen. Reimen ist immer gut. Sie müssen dabei Ihre Speicher nach neuen Wörtern abklopfen. Kopfrechnen macht fit. Sie müssen sich eine Menge im Ultrakurzzeit-Speicher merken. Beten schult das Gehirn seltsamerweise auch. Vermutlich, weil man dabei intensiv denkt und trotzdem eine Art Dialog abhält.

● Vergleichen Sie in mehreren Zeitungen, wie über ein bestimmtes politisches Ereignis berichtet wird.

● Machen Sie ein Spiel: An wie vielen Tagen in der Woche raten Sie das erste Thema der Tagesschau bereits um fünf vor acht richtig?

● Schreiben Sie die ersten drei, später dann sogar alle Themen der Radio-Nachrichten auf einen Zettel, wenn die Nachrichten vorbei sind.

● Lernen Sie jeden Tag einen Vers.

Übrigens, können Sie noch den Anfang des Osterspaziergangs (steht in diesem Buch)?

»Vom Eise befreit...« Na?

15 Zuviel Urlaub schadet nur

Eigentlich war es ein toller Urlaub, so richtig entspannend. Der 36jährige Ingenieur Frank Möller aus einer hessischen Kleinstadt war allein nach Menorca geflogen – er brauchte mal Abstand von Frau und Kind, von Firma und Kollegen.

Zwei Wochen lag er am Strand und tat eigentlich nichts. Er wurde braun, er trank des Abends seinen Wein, er ging früh schlafen und genoß die ungewohnte Ruhe. Dann flog er nach Hause und ging am nächsten Tag wieder in die Firma.

Aber so herrlich entspannend der Urlaub gewesen war – Frank Möller fand nur ganz schwer seinen alten Rhythmus wieder. Er konnte sich kaum konzentrieren. Schon die erste Besprechung mit seinem Chef fiel ihm schwer, weil ihm einfach nicht die richtigen Argumente einfielen. Fast drei Wochen hatte er ein echtes Leistungstief, dann ging's langsam wieder, und er fand zu seiner gewohnten Form zurück.

Was war passiert?

Gehirnforscher wundern sich schon lange nicht mehr, wenn sie solche Geschichten von jungen, aktiven Menschen hören. Sie wissen: Schon zwei Wochen, in denen das Gehirn nicht gefordert wird, lassen es einrosten. Man kommt, kurz gesagt, aus dem Urlaub erheblich dümmer zurück, als man hingefahren ist.

Das ist so wie beim Joggen im Stadtwald. Wer jemals gelaufen ist, der weiß: zwei Wochen Ruhe – und man fängt fast wieder von vorn an. Die Beine wollen nicht mehr. Es ist, als wäre man noch nie gelaufen.

Wenn die Kinder aus dem Haus gehen, erleben viele Frauen das gleiche. Plötzlich fällt die Aufgabe weg, die sie bis dahin fit und munter hielt. Sie schlaffen geistig ab. Interessieren sich für nichts mehr. Lassen sich auch körperlich gehen. Der Lebensast neigt sich langsam nach unten.

Und dann der berühmte Senioren-Schock. 40 oder gar 50 Jahre im Berufsleben – und dann plötzlich nichts mehr zu tun. Daran zerbrechen viele. Sie hocken maulig zu Hause, gehen ihren Frauen auf den Keks, nörgeln an allem herum und verbringen den lieben langen Tag vorm Fernseher. Es dauert meistens nicht lange, bis sich die geistige Schlappheit körperlich niederschlägt; in erhöhter Anfälligkeit für Krankheiten, in einer Schwäche des Immunsystems, und dann haut sie die kleinste Grippe um, und sie sind nur noch alt und krank.

Psychologen haben dieses Phänomen in einem Experiment nachvollzogen, das kaum länger als drei Stunden dauert. Drei Stunden werden freiwillige Testpersonen in einen schalldichten Raum gesperrt. Ihr Körper wird mit Elektroden verbunden, die die Hirnströme messen. Kein Laut dringt in den Raum. Da sitzen sie und tun einfach nur gar nichts.

Schon nach wenig mehr als zwei Stunden läßt die Hirntätigkeit der Leute dort in der vollkommenen Abgeschiedenheit drastisch nach. Viele klagen über Magenschmerzen und Beklemmungsgefühle. Wollen nur noch raus, den Test abbrechen. In Amerika war das Experiment deswegen sogar zeitweise verboten.

Wenn aber schon nach so kurzer Zeit das Gehirn seinen Dienst zu verweigern beginnt – wie dann erst nach Wochen, Monaten oder gar Jahren!

Wir wollen Ihnen Ihren nächsten Urlaub natürlich nicht vermiesen. Aber Sie könnten dieses Buch in den Urlaub mitnehmen und Ihre grauen Zellen am Strand ein bißchen trainieren. Damit Sie nicht nur ebenso intelligent – sondern sogar noch ein bißchen intelligenter zurückkommen. Wir bieten Ihnen in den folgenden Kapiteln des Buches eine Vielzahl von Übungen an, die Sie immer zwischendurch machen können. Manche werden Ihnen bekannt vorkommen; so ähnlich haben Sie Ihr Gehirn schon in den letzten Tagen trainiert. Aber das war ja eigentlich nur die Einstimmung. Jetzt wissen Sie genug über die Arbeit Ihres Gehirns, um wirklich ernsthaft an jedem Tag einige Minuten für Ihren Denkapparat zu reservieren – damit Sie auch mit 90 noch »krrraftvoll« nachdenken können.

Übung: Bitte verbinden Sie mit einem Bleistift alle Zahlen, die so wie in den Kästchen angeordnet sind. Machen Sie das, so schnell Sie können. Steigern Sie Ihr Tempo von Übung zu Übung. So lange, bis sie im Kopf eine wohlige Wärme spüren.
Denken und sich konzentrieren, Sie wissen es, regt die Durchblutung und die Versorgung des Gehirns mit Zucker und Sauerstoff an. Mit Energie also. Energie aber spüren Sie körperlich – eben, indem Ihnen warm wird.

0 — 0

69	73	0̶0̶	52
73	05	29	4̶4̶
69	38	20	18
40	37	40	1̶1̶

69	37	50	29
69	28	~~33~~	40
30	41	82	03
~~88~~	92	04	82
37	29	37	10
59	~~22~~	39	19
~~22~~	30	50	17
60	26	49	36
60	24	56	19
50	25	32	38
~~66~~	~~33~~	29	37
96	92	37	95
27	59	17	06
92	73	16	83
73	56	~~11~~	~~66~~
~~55~~	72	81	35
93	25	81	~~22~~
48	06	86	32
75	73	72	94
~~99~~	25	35	71
83	25	73	~~22~~
52	90	25	51
74	35	82	51
96	~~44~~	52	71
95	51	62	74
95	35	85	~~33~~
85	62	84	83
62	95	20	~~00~~
74	81	62	73
94	61	59	27
50	~~11~~	74	63
49	62	73	19
02	63	~~55~~	83

Übung:

38	59	26	10
81	49	38	26
07	25	85	41
64	59	52	73
74	20	01	46
95	03	75	52
75	03	65	31
04	75	53	85
82	54	82	10
54	67	42	02
83	64	42	06
93	40	53	01
04	36	38	91
03	52	04	62
38	62	04	54
07	24	91	73
76	30	52	75
87	25	46	86
98	43	63	63
74	85	25	37
82	86	63	71
29	47	69	19
28	72	64	18
20	65	45	29
71	73	64	81
30	37	56	01

72	50	20	19
05	46	04	64
61	50	64	02
07	35	49	15
83	49	36	16
37	49	25	18
83	46	94	15
40	61	40	56
82	69	15	49
62	59	46	29
61	49	59	29
70	15	93	25
54	38	26	15
43	28	14	38
69	45	29	56
91	55	36	29
92	47	39	57
20	46	91	73
08	37	26	59
60	70	17	37

Übung: Nun mit Buchstaben.

RO	WO	CP	PQ
TZ	XO	QN	YU
ZÜ	SZ	AK	FO
NP	QM	CP	FK
YX	ME	XC	KY
MN	NB	BV	CX
AS	DF	GH	HJ
JÖ	KÄ	HW	JQ
YO	WP	DH	JE
QÜ	CO	WZ	YZ
XX	ZO	ZA	DO
XO	US	JO	AD
ÖW	RI	BO	CN
MR	IF	OD	NW
ÜW	BU	YM	QW
OT	ZT	WE	VE
OE	BM	WE	SD
KQ	VN	YX	XC
QP	MN	YX	DW
QW	WE	ET	RT
TP	TP	EW	RW
AÜ	PW	DI	WL
TO	HO	QU	EP
BÜ	RE	SO	QO
BP	RE	SO	EN
PÜ	EK	FK	KQ
IO	UO	ZO	EI

Übung: Dreistellig.

000

193	472	078	285
222	275	537	544
926	936	777	264
037	648	386	123
472	676	371	634
834	745	812	222
693	962	034	559
026	483	967	152
956	629	394	629
444	910	572	382
036	591	777	400
925	492	582	591
036	593	820	471
425	433	293	666
930	451	394	388
026	820	352	399
926	504	203	185
627	364	263	594
028	485	392	584
999	584	353	028
839	558	392	591
025	594	299	481
936	756	503	582
814	493	203	503
009	555	384	283
955	400	200	574
373	636	826	254
038	596	372	695

Übung: Wieder mit Buchstaben.

~~OOO~~

WOT	RIG	WUG	~~RRR~~
SDF	IGJ	HÜW	EIR
UTÖ	DLJ	NHÖ	ÄLK
SDN	FUO	PEQ	SZT
PPP	SAD	RER	SER
TXF	NGÖ	ADL	FJG
HWU	ÜEP	RTI	HXV
NCB	MJY	HHH	PWE
RUI	OZT	WEU	RTZ
OPG	SDF	BKN	ÖER
TZU	IWQ	TRU	IOP
XVN	CBM	UZT	RXR
TEX	JGH	VHH	IRT
BBB	TRE	XCR	CVY
XSE	DCR	FVG	BZH
NSM	ITF	CES	WVU
PÜK	MUO	IUZ	VGV
IOU	TFE	SAQ	WSC
MNF	XBV	CXX	YJH
RFS	HGD	SÜO	IUR
PUZ	RCT	ZEX	WRX
ETZ	VFZ	UGB	VUI
ZGF	VCT	ZCX	EEE
LKH	VHC	HGF	CXZ
ESX	LMN	PIU	HOK
OOO	ÖAS	LKD	JFH
DJF	SKL	GHD	FFF
ÜQW	ERA	ÖSL	DKF

Übung: Drei in der Schräge.

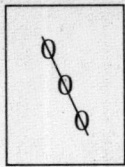

582	582	594	384
021	572	834	287
288	120	935	467
657	893	465	789
164	689	543	968
216	579	869	782
311	678	456	879
253	486	752	341
695	692	134	679
854	678	367	693
546	782	349	785
549	372	654	782
934	789	324	563
497	593	478	564
625	959	983	456
012	985	474	356
585	678	402	417
802	369	347	855
463	257	634	298
203	978	465	097
823	456	702	346
570	834	657	680
234	564	738	298
734	649	273	846
598	462	465	987
234	656	873	245

Übung: Und andersrum.

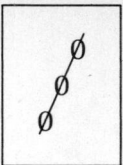

547	382	643	782
687	234	678	213
468	345	687	234
978	035	367	823
456	523	476	856
793	246	785	792
468	587	213	476
845	683	246	785
363	525	374	432
147	435	984	560
123	853	446	721
365	357	456	742
135	345	788	456
742	365	764	567
172	304	568	754
662	346	546	843
474	567	842	445
688	742	316	785
678	423	567	213
474	568	794	567
832	456	721	353
457	645	678	945
676	846	456	743
764	567	845	678
456	873	456	784
567	894	356	784

Übung: Bauen Sie Zelte.

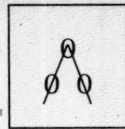

REP	WOU	IAZ	LSD
FJK	GHE	AHA	TKW
FUI	OZG	KHE	RTW
ZIF	DUG	TBE	RHK
LFU	ZOI	ERT	JHL
KGD	FZU	IOB	RET
BJD	FGZ	UIO	BER
TJH	KGD	FZU	IO5
JJJ	LKF	DGZ	UIO
JNE	RTD	GFZ	UIO
REJ	TKL	WGD	FZU
IOR	ENB	ATJ	FDU
GZI	OIE	BTJ	NFD
UGZ	IOI	RTE	JBW
FDG	ZUI	OSW	WER
TBL	KDF	GZI	TOS
RNE	JTB	LKW	GDF
IZS	OER	TBW	LFD
GZU	IOS	RET	NJL
WKD	FUG	ZFS	IER
WJN	TLK	FDF	ZUO
IST	REJ	NLK	WDF
GSU	ZOR	ENJ	T54
760	GFD	SZO	I63
457	89F	NDG	JKL
S53	467	02B	LDS
FNG	HJK	54Z	679

Übung: Finden Sie mindestens vier Treppen heraus.

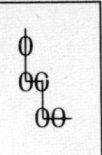

APGI	UOSJ	IFJG
GOUW	UUIQ	HFDS
IBMP	IVUU	ASDF
GOWM	OTJH	HGFD
OHKR	EITF	NODK
ROGK	EPZL	GMEO
RROT	EEIM	FMIE
GRRM	OEEB	OGMR
HOQK	FURN	TPRO
HHHO	HOGK	DPGL
PHHK	HOGI	GISO
GIRL	POST	BAUZ
RAUF	TURN	SÜLZ
KAUF	BEIN	GERN
KKJE	GPOR	GIRN
IKKH	WIRD	ORMD
PHHJ	LÄRM	TIFM
PPGJ	HIFG	HOQM
IPPH	EIDI	DEID
PLOP	PUST	PIEP
PPZU	PPUZ	PPRU
IPPG	OPPA	ÜPPR
PIEP	PUHP	PÜÜP
AARA	ARGA	ARPA
BETA	OGPE	GOEW
BBPR	WIRD	RIDW

Übung: Finden Sie das große V.

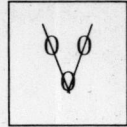

030	924	629	746
901	454	473	954
090	147	047	201
090	181	958	493
802	918	582	901
838	820	572	919
781	269	463	399
937	562	927	100
836	582	696	555
926	723	264	826
026	777	001	725
946	725	936	834
872	945	173	090
836	826	409	909
934	820	374	666
923	847	242	994
814	485	263	989
897	768	234	819
010	484	585	336
909	729	871	934
810	482	029	565
028	484	582	384
859	949	589	373
916	306	295	333
937	382	090	838
018	584	284	584
092	394	548	394

Übung: Und nun zur Entspannung: Finden Sie mindestens 5 Reihen, die als Quersumme die 7 ergeben.

195	~~322~~	938	729
958	462	816	026
~~007~~	160	926	825
825	313	847	301
825	160	483	928
915	382	511	382
916	382	850	483
915	582	958	263
916	582	493	481
720	151	927	482
826	492	581	584
820	594	264	594
018	582	594	385
151	594	382	594
836	392	184	392
151	493	284	482
936	481	584	275
815	581	584	285
511	594	385	483
926	584	385	583
123	456	789	012
124	493	584	284
936	581	574	386
723	473	183	574
923	483	685	232
812	454	843	581
874	381	581	121
700	923	483	285
914	584	286	222

Übung: Zum Abschluß dieses Kniffel-Spiels: Auf beiden Seiten finden Sie diese Kombinationen mindestens fünfmal. Ankreuzen.

~~000~~	⌀⌀	~~000~~	⌀⌀

295	485	685	204
333	354	333	433
573	534	222	131
222	392	493	584
923	594	293	493
034	595	293	493
111	192	111	923
493	594	294	392
222	205	222	952
945	125	292	925
777	474	372	574
234	888	555	777
016	594	592	444
999	943	999	999
453	039	899	595
814	382	333	484
222	444	444	392
985	395	284	384
957	394	194	292
040	394	000	858
815	493	295	483
935	492	493	295
923	483	194	493
~~777~~	574	~~777~~	377
834	747	717	710

936	403	594	284
069	444	555	493
692	493	685	386
912	584	386	495
948	395	284	222
812	584	695	383
935	423	222	324
222	442	232	255
496	294	394	222
444	403	594	222
555	953	555	355
945	935	535	566
945	284	584	386
666	569	666	996
385	486	676	769
333	954	383	444
222	827	222	652
723	872	282	021
937	594	285	374
836	472	584	386
823	584	396	484
333	836	333	763
724	653	363	736
954	685	262	485
444	834	444	724
096	984	484	948
000	000	000	000
111	110	010	901

Schnellmerker machen sich's leicht. Sie checken zuerst, wo in Kolonne 1 und 3 sechsmal dieselbe Zahl steht. Nur diese Reihen kommen ja in die engere Auswahl!

16 So werden Sie zum Schnellmerker

Ein gutes Gedächtnis ist nicht alles, aber alles ist nichts ohne ein gutes Gedächtnis. Denn selbst wenn Ihnen morgen die Lösung zur Bekämpfung des Ozonloches einfiele und der Weg zur Sicherung des Weltfriedens gleich mit — es nützte doch nichts, wenn Sie beides über Nacht wieder vergessen. Die folgenden Übungen trainieren deshalb wieder Ihre Merkfähigkeit. Es geht leicht los und wird dann etwas schwerer.

Übung: Sie finden hier genau 50 Zahlen- und Buchstabenkombinationen. Bitte schlagen Sie eben mal Seite 100 auf. Da müssen Sie sich jeweils für dieselbe Kombination entscheiden. Sie blättern ständig hin und her, also lassen Sie hinten den Finger drin.

Die Kombination auf diesen Seiten hier sehen Sie sich bitte jeweils zwei Sekunden konzentriert an. Sie fangen also bei 1. an. Nach den zwei Sekunden blättern Sie ans Ende des Kapitels — und tippen bei 1. auf die richtige Kombination. Danach blättern Sie wieder zurück und sehen sich zwei Sekunden die Kombination bei 2. an usw. Das Ganze bitte wieder äußerst zügig, mehr als die zwei Sekunden Lernzeit gönnen wir Ihnen nicht!

Alles klar? Dann geht's los.

1. 8   2
2. B 72/C3
3. 107, 364, 83
4. TTT – BBB – LL
5. 100 / 65 / 45
6. 9   3
7. 55, 77, 12
8. 34, 92, 16
9. GG 75 13
10. 4403 12 92
11. MB/GGG/3
12. 7/12
13. 1468, 5492
14. 0472/2746
15. eee, ttt, g
16. ppoz 16 73
17. 9393 – 6253
18. 0274/3948
19. B, R, W, V
20. rut/rat/rut
21. EE 965 WE 1018
22. WE 1018 EE 965
23. 123457890
24. rt rb rl rv
25. 43 84 57
26. bm bn bm bo
27. PO PI PT PZ
28. rat/ret/rot/rut
29. fff 75743 35
30. Blaue Wand
31. FF oo 77
32. 987543
33. 986543

34.	876543
35.	345679
36.	KAN WAN PE
37.	WAN RAN DE
38.	44 99 23
39.	urban wurban
40.	kno wo gro zo
41.	RR 16 RR 16
42.	EE 00 EE 1
43.	fo po ro wo
44.	go ro vo go
45.	ar war gar zar
46.	war ar zar gar
47.	zar war gar ar
48.	769, 675, 365
49.	hol mol dol rol
50.	mol hol rol dol

Und hier nun die Kontrolle – dies ist die Seite, die Sie 50mal aufblättern müssen, um sich für eine bestimmte Kombination zu entscheiden.

1. Welche Kombination haben Sie eben betrachtet?

8　2
8　3
8　1
8　4

2.　B 73/C2
D 71/C2
B 72/C3
C71/D1

3. 107, 346, 82
    107, 365, 81
    107, 364, 82
    107, 364, 83

4. TTT-DDD-LL
    DDD-TTT-LL
    TTT-DDD-L
    TTT-BBB-LL

5. 100 / 65 / 45
    100 / 56 / 54
    200 / 65 / 54
    100 / 56 / 45

6. 9   2
    9   1
    3   9
    9   3

7. 77, 55, 11
    77, 55, 12
    55, 77, 12
    55, 77, 11

8. 34, 93, 16
    34, 94, 16
    32, 94, 16
    34, 92, 16

9. GG 74 13
    GG 75 13
    GG 74 14
    GG 77 13

10. 4403 12 29
4430 12 92
4403 92 12
4403 12 92

11. NB/GGG/3
MB/EEE/2
MB/EEE/3
MB/GGG/3

12. 7/11
7/12
7/13
8/12

13. 1486, 5492
1468, 5492
1486, 4592
1468, 4529

14. 0472/2746
0472/2764
0472/7246
0742/2746

15. ddd, ttt, g
eee, ddd, e
eee, ttt, g
eee, ttt, d

16. ppoz 16 73
ppoz 61 37
ppoz 16 72
ppoz 16 27

17.   9393-6353
        9393-6235
        9393-3562
        9393-6253

18.   0724/2948
        0724/3984
        0274/3984
        0274/3948

19.   D,R,W,V
        B,R,D,V
        B,R,V,D
        B,R,W,V

20.   rut/rat/rut
        rut/rat/tut
        rat/rut/rat
        rut/rat/rat

21.   EE 956 EW 1810
        EE 965 WE 1018
        EE 956 WE 1018
        WW 956 WE 1018

22.   WE 1018 EE 965
        EW 1018 EE 965
        WE 1018 DD 965
        EE 1018 WE 965

23.   123457890
        123456890
        134567890
        123456790

24.   rt rb rv rl
        rt rb rd rl
        rt rb rl rv
        rd rd rv rl

25.   43 84 57
        43 85 47
        43 84 75
        43 85 71

26.   bn bm bn bo
        bn bm bo bm
        bm bm bo bn
        bm bn bm bo

27.   PO PI PT PZ
        PO PI PZ PT
        PI PO PT PZ
        PO PI PO PI

28.   rat/rot/ret/rut
        rat/ret/rot/rut
        rot/ret/rot/rut
        ret/ret/rot/rut

29.   fff 75742 35
        fff 75743 53
        fff 75743 35
        fff 57743 35

30.   Blaue Hand
        Blaues Land
        Blaue Wand
        Blauer Rand

31.   FF 77 oo
           FF 07 07
           FF oo 77
           FF oo 71

32.   987534
           987543
           897534
           897543

33.   986543
           986542
           986534
           968543

34.   875643
           875642
           876542
           876543

35.   345679
           345678
           356789
           345890

36.   WAN KAN PE
           WAN KAN BE
           KAN WAN BE
           KAN WAN PE

37.   WAN RAN DE
           WAN RAN BE
           RAN RAN PE
           WAM RAM PE

38.　　44 99 32
　　　　44 32 99
　　　　44 99 23
　　　　44 99 21

39.　　wurban urban
　　　　urban wurban
　　　　durban wurban
　　　　urban durban

40.　　kno wo gro zo
　　　　kno wo zo gro
　　　　wo kno gro zo
　　　　kno zo gro wo

41.　　RR 17 RR 17
　　　　RR 18 RR 19
　　　　RR 16 RR 17
　　　　RR 16 RR 16

42.　　EE 00 EE 2
　　　　EE 00 EE 1
　　　　EE 00 DD 1
　　　　DD 00 EE 1

43.　　fo po ro wo
　　　　po fo wo ro
　　　　fo po wo ro
　　　　ro po wo fo

44.　　go ro go vo
　　　　go vo ro go
　　　　go ro vo go
　　　　vo go vo go

45. ar war gar zar
     ar war zar gar
     war ar gar zar
     war ga war ga

46. gar war ar war
     war ar zar gar
     ar zar war za
     warwar war war

47. zar war gar ar
     war zar ar gar
     ar gar war za
     zar gar ar gar

48. 796, 675, 365
     796, 365, 675
     796, 265, 675
     769, 675, 365

49. hol mol dol rol
     mol dol rol hol
     hol mol rol dol
     dol rol mol hol

50. mol hol rol dol
     hol mol rol dol
     rol dol hol mol
     mol rol hol mol

17 In Ihnen schlummert ein Zahlen-Genie

Jeder kann sich Zahlenreihen merken. Eben bei den (noch relativ einfachen) Beispielen haben Sie bestimmt gestaunt, wie gut das schon ging. Nun — sofern Sie das Buch von Anfang an gelesen und mitgemacht haben, sind Sie ja auch schon ein fortgeschrittener Gehirnjogger; Sie laufen so manchem anderen schon geistig weg.

Haben Sie die 50 Aufgaben vielleicht sogar mit null Fehlern gemeistert? Ein Wunder wäre es nicht. In jedem von uns schlummert das Talent, sich fünf oder mehr Ziffern, Silben, Buchstaben für Sekunden zu merken.

Wenn Sie jetzt allerdings auch nur eine der 50 Testaufgaben des vorigen Kapitels wiederholen sollten — natürlich ohne hinzugucken —, dann fällt Ihnen vermutlich nur noch die »Blaue Wand« ein, die zum Entspannen eingefügt war. Aber sonst... hol rol mol dol, oder rol hol mol dol?

Es war ja auch nicht Ihre Aufgabe, Speicher 2 in Anspruch zu nehmen. Ihr Ultrakurzzeitgedächtnis wurde geschult. Mehr nicht. Die nächste Aufgabe werden Sie allerdings ohne Eselsbrücken nicht bewältigen können. Sie besteht aus 20 Übungen. Zwischendurch ist immer etwas eingefügt, das sie buchstäblich zwingt, auf Speicher 2 umzuschalten.

Die Übung hat ein bißchen was von Biathlon; Sie müssen mehrere verschiedene Dinge nacheinander tun — zwar nicht schießen und laufen, aber denken und denken und denken. Bis Ihnen warm im Kopf wird.

Übung: Bitte nehmen Sie Papier und Bleistift zur Hand. Und ein Lesezeichen brauchen Sie, das Sie in diese Seiten legen.

Halten Sie sich genau an die Spielregel. Dann können Sie nichts falsch machen.

Zunächst lernen Sie den Reim auswendig. Anschließend prägen Sie sich die Rechenaufgabe ein. Schreiben Sie nun das Ergebnis der Aufgabe auf ein Blatt Papier, setzen Sie den soeben gelernten Vers darunter und vergleichen Sie Ihr Ergebnis.

1. Aufgabe

Das Schneiderlein vergißt den Zwirn, es schult viel lieber sein Gehirn.

$6 \times 3 - 5 + 2$

2. Aufgabe

Der Knochenbruch bleibt ohne Gips, denn der Chirurg trainiert den Grips.

$124 - 13 - 12 - 10$

3. Aufgabe

Der Lehrer läßt heut' das Geschwafel, er schreibt nur Denksport an die Tafel.

$12 \times 4 - 4 - 6 + 12$

4. Aufgabe

Selbst in des Sommers größter Hitz' trainiert der Eismann seinen Witz.

13×26

5. Aufgabe

Ein regelmäß'ger Knoblauchesser wird im Denken immer besser.

$21 \times 4 - 5 + 12$

6. Aufgabe

Liest jeder Deutsche dieses Buch, gibt's kleine Einsteins bald genuch.

$44 - 12 - 3 \times 4$

7. Aufgabe

Gehirnjoggen ist eine Ehre, hilft Ihnen bei der Karriere.

$12 - 5 - 3 + 6 + 10 - 1$

8. Aufgabe

Beim Abi kann mir nichts passieren, ich tat ja mein Gehirn trainieren.

56×12

9. Aufgabe

Trainierst du täglich dein Gehirn, dann wird es warm um deine Stirn.

$222 + 32 + 12$

10. Aufgabe

Im Winter, Sommer, Herbst und Lenz trainieren wir die Intelligenz.

$12 \times 32 - 15 + 7$

Sie haben bei diesen Aufgaben schon gemerkt: Es ist unglaublich schwer, zwei Dinge gleichzeitig zu behalten; auch wenn eines davon (so ein Reim zum Beispiel) eher simpel ist. Während Sie gerechnet haben, ist Ihnen der Reim immer wieder durch den Kopf gegangen und hat Sie nachhaltig vom Addieren, Substrahieren und Multiplizieren abgehalten. Das ist das Gemeine an diesem Spiel. Im Ultrakurzzeitspeicher rechnen – und den Reim im Kurzzeitspeicher behalten.

Parallel dazu, und da können Sie mal sehen, was für ein komplexes Gebilde Ihr Gehirn ist und was für Fähigkeiten in ihm stecken, haben Sie ja noch den Langzeitspeicher abfragen müssen. Nach den Rechenaufgaben – denn alle haben Sie ja nicht neu gerechnet – und nach Regeln wie: »Punktrechnung geht vor Strichrechnung«. Diese Regel wurde, vergegenwärtigen Sie sich das bitte, Ihnen in der Grundschule beigebracht, und das ist ja nun wirklich schon eine Weile her. Seitdem spuckt Ihr Speicher 3 immer wieder die alte Regel aus, wenn nacheinander multipliziert und addiert werden soll.

Alle drei Speicher arbeiten bei diesem Spiel also mit. Erstaunlich übrigens, daß eine ganze Reihe von willkürlich ausgesuchten Testpersonen, die alle Tests dieses Buches vor Erscheinen machen mußten, die simple Schulregel einfach vergessen hatten und zu vollkommen falschen Ergebnissen kamen. Da spuckte Speicher 3 im Streß überhaupt nichts mehr aus.

Kann man mal sehen, wie wichtig Gehirntraining ist. Vielleicht sogar noch wichtiger, als wir alle glauben.

Übung: Nun geht es weiter und wird erst richtig schwierig – jetzt reimt sich nichts mehr, und die Rechenaufgaben werden länger. Aber Sie sind ja nicht im

Zeitdruck. (Nur hinsehen dürfen Sie nach wie vor nicht!)

11. Aufgabe
Wenn jeder Deutsche regelmäßig gehirnjoggen würde, dann wäre der durchschnittliche Intelligenzquotient der Bevölkerung um 14 Punkte höher.

$14 \times 7 - 12 + 3 - 16$

12. Aufgabe
Wenn Sie Ihr Gehirn trainieren, dann weiten sich die Zellen, die Durchblutung nimmt zu und das allgemeine Wohlbefinden steigt rapide an.

$34 + 17 - 12$

13. Aufgabe
Manche Wissenschaftler vertreten die These, daß Gehirnjoggen sogar das Krebsrisiko nachhaltig verringern kann.

27×12

14. Aufgabe
Sie werden im Alter verkümmern, wenn Sie nicht rechtzeitig mit der Schulung Ihres Denkapparates beginnen.

$34 \times 12 - 65$

15. Aufgabe
Sie können Ihre Kollegen weit überflügeln, wenn Sie nach Feierabend täglich zehn Minuten gehirnjoggen.

$12 \times 12 - 34 + 17$

16. Aufgabe
Wer sein Gehirn einrosten läßt, dem wird das im Alter noch sehr, sehr leid tun.

$24-13+7+11+10$

17. Aufgabe
Ich werde dieses Buch an gute Freunde verschenken, damit wir noch lange Spaß zusammen haben und im Kopf fit bleiben.

$17\times12+13\times9$

18. Aufgabe
Ich habe gelernt, daß sich manche Menschen regelmäßig auf Sitzungen der Gesellschaft für Gehirntraining treffen und dort Denksportaufgaben lösen.

$12\times24-23+54$

19. Aufgabe
Wer sich gehen läßt und das Gehirn nicht durchtrainiert, der lebt kürzer und ist ein schlechterer Liebhaber.

76×77

20. Aufgabe
Einmal gehirnjoggen ist gut, jeden Tag gehirnjoggen ist besser. Ich bleibe jetzt dabei, bis ich alt und grau bin.

$45\times4-12\times31$

18 Jetzt kommt Ihr Langzeitspeicher auf Trab

Sie alle kennen das Spiel Stadt, Land, Fluß. Wir haben es als Kinder gespielt und spielen es heute mit unseren Kindern oder Enkeln.

In einem der vorigen Kapitel wurde schon erwähnt, daß dieses Spiel für die grauen Zellen besser ist als Schach, weil Schach eine rein logische Beschäftigung ist, während bei Stadt, Land, Fluß auch die Emotion gefordert wird – man erinnert sich an bestimmte Dinge, mit denen man etwas Angenehmes verbindet.

Wenn Sie zum Beispiel als Kind gern an der Ostsee gezeltet haben und ein Urlaub in Bayern total verregnet war, dann fällt Ihnen bei »Stadt mit T« bestimmt eher »Travemünde« als »Traunstein« ein. Hieß Ihre hysterische Ex-Frau Birgit, dann werden Sie bei »Name mit B« bestimmt eher »Beatrice« oder »Beate« schreiben usw.

Stadt, Land, Fluß ist also ein Mix-Spiel aus Logik und Gefühl, aber zuallererst ist es ein Spiel um die Fähigkeiten von Speicher 3.

Wer in Stadt, Land, Fluß Meister ist und niemals geschlagen wird, der hat einen ausgezeichneten Langzeitspeicher; denn kaum etwas von dem, was man da in aller Hast aufschreibt, ist ja vor wenigen Stunden (Speicher 2) oder Minuten (Speicher 1) ins Hirn getropft. Das sind alles Langzeit-Erinnerungen.

Lassen Sie uns nun eine Übung machen, die Rechnen und Stadt-, Land-, Fluß-Elemente miteinander verbindet.

Sie können diese Übung alleine machen, wie alle in diesem Buch; Sie können aber auch daraus Anregungen für den nächsten verregneten Familienabend entnehmen und selbst ganz neue Spiele kreieren. Neuerdings sind Sie ja als Gehirnjogger ohnehin zu geistigen Leistungen fähig, die Sie sich früher nie zugetraut hätten.

Übung: Als »Requisite« für diese Übung brauchen Sie – wenn Sie sie alleine machen – einen kleinen Ball (zum Beispiel einen Tennisball), ferner Papier und Stift. Den Ball lassen Sie auf den Boden fallen, wenn Sie die Übung gelesen haben und mit der Lösung beginnen. Sobald der Ball irgendwo zum Stillstand gekommen ist, ist Ihre Zeit abgelaufen, und Sie müssen aufhören. Sie haben jeweils also nur wenige Sekunden Zeit.

Zusätzlicher Vorteil: Nach jeder Übung müssen Sie aufstehen und den Ball wieder holen. Das regt die Durchblutung Ihres Gehirns zusätzlich an, so daß Sie die jeweils nächste Übung noch leichter meistern können. Aber gehen Sie bitte nicht träge durchs Wohnzimmer, sondern sprinten sie ruhig ein bißchen los. Action ist angesagt. »Move+think« (»beweg dich und denk dabei«). Das Erfolgsgeheimnis schlechthin.

Bevor Sie anfangen: Leicht ist das Ganze nicht. Es erfordert äußerste Konzentration. Aber das sind Sie ja nun schon gewöhnt.

1. Aufgabe

Schreiben Sie eine Stadt mit K und einen Namen mit A auf und lösen Sie die Rechenaufgabe 13×7 im Kopf. (Ball!)

Einen Moment Pause – Sie haben schon gemerkt, und wir dürfen ihnen das als Tip nahelegen: Erst die Rechenaufgabe lösen macht es manchmal leichter.

2. Aufgabe: Fluß mit W, Beruf mit M, 7×23. (Ball!)

3. Aufgabe: Automarke mit B, Sportart mit T, 54×2. (Ball!)

4. Aufgabe: Land mit E, Hobby mit B, 32×12. (Ball!)

5. Aufgabe: Pflanze mit K, Name mit J, 24+192. (Ball!)

6. Aufgabe: Stadt mit J, Fluß mit A, 196−34. (Ball!)

7. Aufgabe: Sportart mit F, Automarke mit M, 34×17. (Ball!)

8. Aufgabe: Pflanze mit R, Hobby mit B, 35−12. (Ball!)

9. Aufgabe: Beruf mit K, Fluß mit B, 34×42. (Ball!)

10. Aufgabe: Name mit O, Land mit B, 12+43. (Ball!)

Gut geschafft bis hierhin? Wenn nicht, dann schreiben Sie sich ähnliche Aufgaben auf und lösen Sie sie, bis es klappt, denn jetzt wird es schwieriger. Da geben Sie dem Ball am besten einen besonders kräftigen Kick, damit er eine Weile herumspringt...

11. Aufgabe: Automarke mit O, Name mit R, 43−17×2. (Ball!)

12. Aufgabe: Pflanze mit C, Sportart mit H, 17×12−5. (Ball!)

13. Aufgabe: Name mit L, Beruf mit S, 55−13×4. (Ball!)

14. Aufgabe: Hobby mit A, Pflanze mit Z, 25×13−6. (Ball!)

15. Aufgabe: Land mit F, Stadt mit D, $35-12\times2$. (Ball!)

16. Aufgabe: Stadt mit M, Sportart mit H, $44-32$. (Ball!)

17. Aufgabe: Beruf mit O, Sportart mit H, $55\times2-3$. (Ball!)

18. Aufgabe: Name mit U, Beruf mit V, $37\times12-13$. (Ball!)

19. Aufgabe: Fluß mit E, Automarke mit H, $12\times27-13$. (Ball!)

20. Aufgabe: Name mit S, Fluß mit B, 27×13. (Ball!)

So, nun räumen Sie die Trümmer weg (die durch Ihren herumspringenden Ball verursacht wurden, weil Sie ihn von Aufgabe zu Aufgabe heftiger geworfen haben) und freuen sich aufs nächste Kapitel.

19 Vielleicht schreiben Sie noch mit 90 ein Buch

Jetzt, wo Sie die Übungen mit dem Ball aus dem vorigen Kapitel hinter sich gebracht haben, geben wir ehrlich zu: Das war schon sehr, sehr anspruchsvoll. Und wer dieses Buch nicht von vorn gelesen hat, sondern im 18. Kapitel einstieg, der hatte überhaupt keine Chance.

Keinesfalls sollten Sie an dieser Stelle weiterlesen, wenn Sie mit dem 18. Kapitel ernsthafte Schwierigkeiten hatten. Bitte wiederholen Sie die Übungen dann und erleichtern Sie sich die Arbeit ein wenig. Simplere Rechenaufgaben wählen. Statt eines Balles vielleicht erstmal einen Küchenwecker, den man auf eine Minute einstellen kann. Es gibt viele Möglichkeiten, die hier vorgestellten Übungen etwas anspruchsloser zu gestalten, und dabei brauchen Sie sich auch nicht zu schämen.

Wichtig ist nur, daß Sie ein Kapitel nach dem anderen durcharbeiten, und zwar in der richtigen Reihenfolge — denn die ist durchaus nicht zufällig gewählt.

Sicher haben Sie sich in den letzten Tagen schon mal gefragt, was mit Ihren Gehirnzellen eigentlich geschieht, während Sie sie so eifrig trainieren. Sterben weniger ab als vorher? Kommen gar neue hinzu?

Beides ist falsch. Erstens: Gehirnzellen sterben gar nicht ab, auch wenn die Wissenschaft das lange Jahre glaubte. (Die herkömmliche These hieß sogar, daß täglich bis zu 300000 verlorengehen, vor allem im Alter.)

Statt dessen schrumpfen die Zellen nur ein bißchen. Aber

auch das nicht dramatisch. Bis zum 80. Lebensjahr schrumpft das gesamte Gehirn nur um etwa sechs Prozent!

Als erstes schrumpft der Bereich, der die körperliche Beweglichkeit regelt. Die Bereiche, die fürs Gefühlsleben zuständig sind, bleiben lange auf ihrem ursprünglichen Gewicht. Und wenn das Rentenalter erreicht wird, dann schrumpft der Bereich »soziales Umfeld«; dementsprechend werden die Freunde dann in aller Regel rar.

Wer sein Gehirn aber trainiert und sich richtig ernährt, der kann die Leistung des Gehirns im Alter sogar noch steigern. Es gibt dazu eine hübsche Karikatur. Ein uralter Mann sitzt im Rollstuhl und läßt sich von einem 18jährigen im Sause-Tempo schieben, so daß dem Jungen die Zunge zum Hals raushängt. Der Alte liest Einstein vor und fragt über die Schulter nach hinten: »Kannst du mir auch folgen?« »Nee, Opa«, sagt der Junge, »mit deinem Gehirnjogging biste mir um einiges voraus!«

Die Karikatur war gerade erschienen, da meldete »Medical Tribune«, daß schon zehn Minuten Gehirnjogging täglich die Konzentration und Merkfähigkeit beeinflußten; erste Ergebnisse seien schon nach zwei Wochen zu spüren.

Sophokles hat noch mit über 90 großartige Stücke verfaßt. Tizian saß noch mit 98 an der Staffelei. Kant war weit über 60, als er seine wichtigsten Werke schrieb. Goethe, Shaw, Russel, Chagall, Rubinstein, Picasso, Adenauer... Dann das Einstein-Foto, wie er mit 72 dem Fotografen die Zunge zeigt... »Der Blick des Verstandes wird erst scharf«, schrieb Plato, »wenn der Blick der Augen an Schärfe verliert.«

Statistisch gesehen altern wir heute viel langsamer als noch vor 100 Jahren. Damals war ja auch die Lebenserwartung viel geringer.

Gleichzeitig war man aber noch nie so früh »alt« wie heute, und das ist ein dramatischer Konflikt. Wer stellt noch einen 50jährigen ein?

Das Ergebnis ist bei vielen jenseits der 50, daß sie resignieren, sich fallen lassen, aufgeben.

Und dann sind sie erst wirklich alt.

Gehirnjogging ist das richtige Gegenmittel gegen Altersfrust. Es ist übrigens keine neue Wissenschaft, wenn sie auch erst jetzt so richtig zu Ehren kommt – schon der alte Simonides (500 vor Christus) befaßte sich intensiv mit der Möglichkeit, das Gedächtnis zu schulen; er gilt als Vater der Mnemotechnik, die im Grunde nichts anderes will als das, was Sie hier in diesem Buche lesen.

Einer der wichtigsten Vorreiter des Gehirnjoggings in unserer Zeit ist der Diplompsychologe Siegfried Lehrl von der Psychiatrischen Universitätsklinik Erlangen. Er hat mit dem Chefarzt der Schwarzwälder Reha-Klinik Klausenbach, Professor Fischer, diverse Basisprogramme entwickelt, die Geist und Gedächtnis spielerisch schulen. Lehrl kam eigentlich auf einem Umweg zu diesem spannenden Thema.

Ende der 70er Jahre hatte die Landesversicherungsanstalt Baden einem Wissenschaftlerteam den Auftrag gegeben, doch mal die Wirkung von Nachsorgemaßnahmen zu untersuchen.

Nachsorge ist die Behandlung von Operierten in einer Reha-Klinik. Da erholen sie sich wieder. Und da wird eine Menge mit ihnen angestellt; der Körper wird wieder beweglich gemacht, aber auch das Denken wird gefordert. Es gibt nicht nur Bäder, Massagen und Wassertreten – sondern auch Einzelgespräche bis hin zu Rollenspiel und psychologischer Behandlung.

Auf mehreren Tagungen des Forscherkreises kam dann heraus, daß ein langer Krankenhausaufenthalt die Patienten geistig ziemlich stark schwächt. Und – daß in den Reha-Kliniken die Tätigkeit des ermüdeten Gehirns wieder angeregt werden kann. So kam es zum Gehirnjogging-Programm, das nun auch an vielen Reha-Kliniken ins Behandlungsschema aufgenommen wurde. »Allerdings«, schreibt Lehrl in einer ausgezeichneten Broschüre, die im Mediteg-Verlag (Wehrheim) erschienen ist, »schloß dieses Training (anfänglich) auch die Gefahren eines Hochleistungstrainings ein, nämlich Versagen, Frustration, Enttäuschung mit einer Reihe von negativen Auswirkungen.«

Viel besser als diese ersten Joggingprogramme waren dann spezielle Computerprogramme, die in den Kliniken angeboten wurden. Da saßen die Patienten – und zwar sowohl junge wie auch alte – begeistert am Bildschirm und trainierten ihre Denkgeschwindigkeit, in dem sie sich mit dem Computer unterhielten. Er fragte – sie mußten antworten, und zwar möglichst schnell.

Kann gut sein, daß Sie es auch mit so einem Computer zu tun kriegen, wenn Sie mal in eine Reha-Klinik müssen.

Am Ende stellte sich dann sogar heraus, daß diejenigen, die reichlich gehirngejoggt hatten, die Klinik schneller verlassen konnten als diejenigen, die sich nicht an dem Programm beteiligt hatten.

Die Hirnforschung insgesamt steht vor einer Revolution. »Sie wartet gleichsam auf ihren Newton, Einstein oder Darwin«, schrieb »Geo«-Autor Günter Haaf kürzlich in einem Sonderheft übers Gehirn. In den letzten Jahren hat sie an Bedeutung so zugenommen, daß sie die erregte Debatte über Gentechnik vom Schlagzeilen-Markt verdrängt hat – was mit Hirnforschung im Guten und Schlechten machbar ist, kann man heute nur ahnen.

Denn wenn jeder von uns ohne wissenschaftliche Begleitung sein Gehirn in wenigen Wochen zu einem perfekt funktionierenden Denkapparat erziehen und seinen IQ sogar noch als Erwachsener lässig um 14 Punkte steigern kann – was ist dann erst mit modernsten medizintechnischen Methoden alles möglich?

Molekulargenetik und Neurobiologie werden gemeinsam Millionen Hirnkranken helfen können. Alzheimer wird die Krankheit von gestern. Schizophrenie und manische Depression lassen sich chemotherapeutisch lindern.

Aber es wird auch möglich sein, dem Fötus Gewebeproben zu entnehmen und klar vorherzusagen, ob es ein Luftikus, ein Stubenhocker oder gar ein Krimineller wird. Versicherungen werden versuchen, sich die neue Medizintechnik zunutzezumachen; wer nimmt schon gern einen stark Selbstmordgefährdeten auf? Unabsehbar die Folgen für den Arbeitsmarkt, für die Geburtenrate. Auch die Wunschkinddebatte wird wieder aufleben.

Weltweit arbeiten über 30 000 Wissenschaftler an neuen Erkenntnissen über das Gehirn. Sie werden uns verblüffen – sie werden gute Nachrichten haben –, und manchmal werden sie uns erschrecken.

Sie sollten bei dem nun folgenden Wortsalat nicht erschrecken, sondern nach diesem Ausflug in die Zukunft rasch wieder auf den Boden der Tatsachen zurückkehren. Noch sind Sie nicht perfekt. Noch gibt es Bereiche Ihres Gehirns, die Sie niemals herausgefordert haben.

Übung: Links finden Sie einen Begriff. Rechts eine Reihe von Buchstaben. In diesen Buchstaben ist der Begriff von links enthalten. Ihre Aufgabe ist nun, das linke Wort im rechten Buchstabenblock möglichst rasch einzukreisen (es kann durchaus auch rückwärts geschrieben sein).

```
HUT      OGJSLEPGJRKHUTPWIEKGLE
BAUM     BPQJRKDCRDPYÜRIMUABPQO
BILD     CKYPTKWLTJHKGLDLIBQPRL
AUF      QPBMFTMXYPGKAUFOEKRLDL
AB       ZOXNYMRUFLRBAPQIROEMKF
REIN     GLQOEUDIRMEKBNGKEIREIN
RAUS     SUAROGKRLEOQPBHRJELTKR
GUT      WORKDLSÖDLRKUTGOFKLTUG
ACH      OYSHEJZPHKZLQACHEOOZTL
WEH      HEWOQPEKWEBTORLEKFLDÖT
```

Und etwas schwerer. Bitte beeilen Sie sich mit der Übung. Sie dürfen keine Pausen einlegen.

```
BÖSE     BÖSÄTOZESÖPLHJESÖBÖBPÖ
SCHWER   SCHWEPTIROTRWHCWSCHWER
JA       JEINNEINAJJEJIJOJUEINJ
NEIN     NEINEIMIENINUNIENNEIMN
LAUF     LAULAUIAUVUALLAUFIAUBE
REIN     REIMBEINFEINNIERREIMRE
RAUS     AUSRAUFDRAUFSAUFLARAUS
HIN      HIMHIMNIHMIHIMMINIMMIN
HER      WERDERSEHRHERMEHRWERDE
AUS      AUFLAUSDRAUSUAUMMAUDRA
```

Übung: Jetzt schütteln wir ganze Sätze so durcheinander, daß Sie Ihre liebe Not haben werden. In der nächsten Übung ist jedes Wort durch den Buchstabenmixer gegangen. Der hat alles durcheinandergebracht. In höchster Eile sollen Sie nun – und stoppen Sie die Zeit dabei – die Buchstaben wieder in die richtige Reihe bringen.

Jeder Satz ergibt am Ende einen Sinn, und die Reihenfolge der Wörter lassen Sie so, wie sie ist.

1. Aufgabe

EWR EIVL DNU LFIESGIS SIEN RNIH HCSLTU, DRE WRID MI ATLRE UMTNRE NUD TFI NIES.

(Und das wollen Sie doch schließlich, oder?)

2. Aufgabe

RHI NRIH THA SE REVIDETN, DSAS EIS MIH DNEEJ GTA ZNHE NUENTIM MNEWDI.

(Mehr Zeit brauchen Sie nicht.)

3. Aufgabe

SSTNEWU EIS, SSAD RIH FHCE UAHC RNIOGGTHJ?

(Darum verdient er auch mehr als Sie.)

4. Aufgabe

NEWLLO EIS REOFLRGIEHERC SIEN LSA RHI OLLKGEE?

(Natürlich.)

5. Aufgabe

NDNA EHNMNE EIS DEIES BNUGÜNE TTIEB RHSE, RSEH TESRN.

(Das tun Sie hoffentlich sowieso.)

6. Aufgabe

RWE NIES RNIH HCUSTL, STI SSBREE MI TBTE.

(Glauben Sie vielleicht nicht, stimmt aber.)

7. Aufgabe

LREGEÄMSGIS BKLNOHCAU SSENE NURETÜSTZT IED ÄEIITTGKT HISER HEGINRS.

(Darauf kommen wir noch zurück.)

8. Aufgabe
EIS NNÖKEN SFTA OS LKGU EIW NIETSIEN REWNDE.

(Vielleicht nicht ganz, aber...)

9. Aufgabe
HCSRIENBE EIS CHNO TIM GZINUEN IEN ULKSEG HCBU?

(Warum eigentlich nicht?)

10. Aufgabe
NADN BÜNE EIS LFIEIGSS WIETRE!

Na? Alles verstanden? Dann sind Sie jetzt richtig motiviert, um das nächste Kapitel zu beginnen.

20 Gehirnjogging kann Ihre Ehe gefährden

Ein paar erstaunliche Tatsachen übers Gehirn, die Sie bestimmt noch nicht kannten.

Flußdelphine sind besonders intelligent. Aber wenn man sie gefangennimmt, sinkt ihre Intelligenz in wenigen Monaten um 30 bis 40 Prozent.

Es ist nicht nur gefährlich, das Gehirn verkommen zu lassen. Auch wer sein Gehirn *über*fordert, erreicht die möglichen Höchstleistungen nie. Das liegt am Streß. Ein ständig bis an die Grenze gefordertes Hirn ist vollauf damit beschäftigt, allen Anforderungen ein bißchen zu genügen — aber eine optimal zu erledigen, dazu reicht die Kraft nicht aus.

Gehirntraining schützt gegen Herzinfarkt. Nicht direkt, sondern auf einem Umweg. Wer stark belastet ist, wer mehrere Aufgaben gleichzeitig bewältigen muß, der gerät oft in Angstzustände; die Arterien verengen sich, Sauerstoffmangel droht — und der Infarkt ist nah.

Gehirntraining aber vermittelt die Fähigkeit, Wichtiges von Unwichtigem zu trennen. Man bleibt in Streß-Situationen gelassener. Angst kann gar nicht erst entstehen. Und deshalb sind Gehirnjogger weniger infarktgefährdet.

Übung: Zwei Worte — aber nur eines davon findet sich in dem Buchstabensalat wieder. Mal richtig 'rum, mal rückwärts. Welches? Zwei Sekunden Zeit für jede Übung!

ANFANG – ENDE
dkwiogjedkelwdkrjekendendeoti

BUSCH – BAUM
dkfjekwdkelrkdjrkclfolokmuabe

KLEID – ROCK
dielkrocckrokkleitkelsperelrm

FEUER – ASCHE
dkforktlekfleaschepütlfeuelrr

GERN – UNGERN
ungermumgermrumgehngernungehr

BANANE – TOMATE
bananakejrkletamottomathebana

TASSE – TELLER
dklgfkdjrklötassairoekjrtasse

SCHRANK – WAND
ogkdlkrjkerldnawwankdschranga

WARM – ARM
dkgjekrjekmwarwarwatmramararw

TIER – VIER
vietierowkrldkrlemrdrdmrowkrd

Das ist für Sie nun schon fast Routine. Denken Sie mal ein
paar Tage zurück – an die Zeit, in der Sie von Gehirnjogging überhaupt noch nichts wußten. Da hätten Sie ziemlich hilflos auf den Salat geguckt und Ihre liebe Mühe gehabt, die richtigen Wörter herauszufinden. So schnell geht
das. Gehirntraining ist übrigens besonders effektiv, wenn
Sie gleichzeitig Sport treiben. Wir sagen das nicht zufällig

gerade jetzt. Wenn Sie einige Tage Ihren Grips trainiert haben – also jetzt –, dann ist die Zeit für neue Vorsätze reif, denn das Gehirn verlangt geradezu nach neuen Aktivitäten. Auf allen Gebieten. Und die müssen mit Geisteskraft gar nichts zu tun haben.

Sie sollten sich zum Beispiel nicht wundern, wenn Ihre Ehe plötzlich in eine Krise gerät. Das klingt hart, aber es kommt bei Gehirnjoggern zu häufig vor, um es zu verschweigen. Falls Sie mit dem Gehirnjoggen allein begonnen haben, könnten Sie plötzlich feststellen, daß zwischen Ihnen und Ihrem Partner oder Ihrer Partnerin eine Kluft entsteht. Sie entfernen sich geistig voneinander. Ihnen reicht es vielleicht plötzlich nicht mehr, den Abend vor dem Fernseher zu verbringen. Sie wollen lieber ein Buch lesen oder sich noch lieber über den Inhalt der Tagesschau unterhalten.

Haben Sie ein bißchen Geduld mit Ihrer Beziehung. Ihr neu trainiertes Gehirn geht nicht nur auf Höhenflug – es entwickelt nach und nach auch die Fähigkeit, Probleme besser als früher zu lösen, und das gilt auch für Eheprobleme.

Doch zurück zum Sport. Horchen Sie mal in sich hinein. Hätten Sie nicht Lust, sich morgen ein neues Fahrrad zu kaufen und damit durch die Gegend zu fahren?

Ungewöhnlich wäre es nicht. Wenn Sie erstmal ernsthaft anfangen, Ihr Gehirn zu trainieren, dann will bald der ganze Körper das Niveau seines »obersten« Organs erreichen. Der Lateiner sagt: mens sana in corpore sano (»ein gesunder Geist wohnt in einem gesunden Körper«) – aber das können Sie ruhig umdrehen: ubi mens sana, ibi corpus sanum (»wo ein gesunder Geist ist, da ist auch der Körper gesund«). Und danach – nach körperlicher Fitneß – verlangt der Ihre jetzt besonders heftig.

Es gibt viele Manager, die es sich abgewöhnt haben,

nachts stundenlang im Büro über irgendwelchen Akten zu verbringen. Sie nehmen das Problem lieber mit in ihr Fitneß-Studio, zum Joggen (dem auf zwei Beinen), oder eben aufs Fahrrad. Es dauert eine Weile – aber bevor sie wieder zu Hause sind, haben sie das Problem gelöst.

Das ist keine Zauberei, sondern es hängt mit Sauerstoff zusammen. Genauso, wie Ihr Gehirn durch Denkaufgaben stärker durchblutet wird, gelangt auch durch Sport mehr Sauerstoff in Ihre grauen Zellen. Wenn Sie auf einer einsamen Bergstraße einen hechelnden Radfahrer treffen oder einen schwitzenden Dauerläufer im Stadtpark – dann können Sie blind davon ausgehen, daß er gerade jetzt zu geistiger Höchstleistung fähig ist.

Oder fähig wäre. Denn allzu viele Leute verpassen die Chance. Sie denken an alles Mögliche, was absolut unwichtig ist. Und versuchen, ihre Probleme in einem verräucherten, schlecht belüfteten Büro unter extremem Sauerstoffmangel zu lösen.

Sie aber sind jetzt schlauer. Ihnen passiert das nicht. Schon mehrfach haben wir angedeutet, daß Gehirnjoggen Ihre Karriere entscheidend beeinflussen kann – jetzt wissen Sie, warum.

Übung: In dem folgenden Buchstabenblock ist genau das Goethe-Zitat enthalten, das Sie in einem der vorigen Kapitel schon mal auswendig gelernt haben. Sie erinnern sich bestimmt daran. Das Zitat steht hier aber nicht komplett, sondern immer in Bruchstücken.

Die bestehen vielleicht aus einem Wort, vielleicht aus mehreren. Sie sollen nun in maximal zehn Sekunden das gesamte Zitat einkreisen.

```
EOVORMEKDJFKEMRKDMRKEMVOMEISE
RMEKRMEKFMKWLERKELDKRMEFMERJW
GMEKBEFREITSHGJWNROAAÜROWIRDM
WSINDOGKTKERMOFSTROMÄUNDBÄCHE
WORKDLRKELVPDURCHDESFRÜHLINGS
KRJEHDPQHOLDENBELEBENDENWORDB
BLICKIMTALEBWORDÜROGRÜNETHOFF
WORKDJHRJDURNGLDKRJHUFFHOFFNU
NGSGLÜCKOWIERIUDKWPBJWKRLTKEL
```

Diese simple Übung bringt uns wieder auf die Grundregel des Gehirnjoggings zurück. Sie haben mit Sicherheit – wenn Sie das Zitat nicht schon aus Ihrer Kindheit kannten und nur auf Ihren Langzeitspeicher zurückgreifen mußten – gemerkt, daß Ihr Gedächtnis Sie immer noch ganz schön gemein im Stich läßt. Seinerzeit haben Sie beim Lesen und Lernen das Zitat nämlich nur im Kurzzeitspeicher abgelegt, weil Sie es nur für die eine Übung brauchten.

Sehen Sie, es wäre besser gewesen, Sie hätten Ihren Langzeitspeicher in Anspruch genommen. Nun mußten Sie eben die Buchstabenreihe ganz mühsam wieder nach vollständigen Worten durchforsten. Machen wir's noch mal, und machen wir's besser:

Übung: Bitte lernen Sie den folgenden englischen Anfang der Geschichte von Robin Hood auswendig und versuchen Sie um jeden Preis, sich die Worte zu merken. Langzeitspeicher. Irgenwann im letzten Teil des Buches werden wir drauf zurückkommen – und dann sehen wir, ob Sie ihren Langzeitspeicher schon bewußt einsetzen können. Der Satz lautet:

»In the forest of Nottingham there once lived an outlaw called Robin Hood, who robbed the rich and befriended the poor.« Auf deutsch: »In den Wäldern rund um Nottingham lebte einst ein Ausgestoßener namens Robin Hood, der die Reichen ausraubte und ein Freund der Armen war.«

Sie können sich diese einfachen englischen Worte auch dann merken, wenn Sie kein Englisch sprechen. Zugegeben, dann ist es ein bißchen schwerer. Aber es treibt Sie bei dieser Aufgabe ja niemand an. Hämmern Sie sie sich ins Gehirn. Sie dürfen diesen Satz nie mehr vergessen.

21 Nummern merken – kein Problem

Wenn es das nächste Mal regnet, dann sehen Sie mal ganz bewußt aus dem Fenster. So viele Regentropfen, wie draußen vom Himmel fallen, so viele Denk-Zellen tragen Sie in Ihrem Kopf mit sich herum. Jede einzelne wartet sehnsüchtig darauf, daß sie endlich von Ihnen ein bißchen Denkarbeit bekommt.

Doch nun sehen Sie in eine kleine Pfütze hinein, in die es auch reintropft. Sie benutzen täglich so viele Zellen, wie Regentropfen diese Pfütze treffen. Mit diesem Minimalaufwand erledigen Sie Ihren Job, hören Ihrer Familie zu, führen heiße Biertischdebatten und gucken die Tagesschau. Erst seit Sie gehirnjoggen, wird die Pfütze Ihrer Gedanken langsam größer. Nach und nach setzen Sie mehr Regentropfen ein, um bei dem Beispiel zu bleiben. Aber selbst Einstein hat nicht aus jedem »rain-drop« einen »braindrop« machen können.

Übung: Erweitern Sie mit den folgenden Übungen die Pfütze ein bißchen. Sie sollen in jedem Buchstabenblock ein Wort suchen. Das steht mal waagerecht, mal senkrecht, mal diagonal. Es kann oben anfangen oder in der Mitte. Machen Sie ein Kästchen um das Wort – und falls Sie »gut drauf« sind, fnidne eiS sad Wtro ni wieslej zazwngi Skenuned (das war nur eben mal zur Einstimmung). Alle Begriffe haben übrigens was mit Autos zu tun.

1. Aufgabe

```
AOTPWIGKKBMTROZPRIDOWKRLTOFPGM
KUUPGKELFPRIZJHMBORPELWORKDMMR
RJTKHLGPROEMFKDMELWPROFJEMTOFL
DROOGPHOEJRKDLROFLEPRLDKRJEMRO
```

2. Aufgabe

```
AORPDIRUEKFMRLEPRODIRUGKDLÖRLI
DKFLLEAMPELKREUZUNGIROEWPRÜDOR
FORWTOWPRODKRJGHUEIRKDLERODFUR
SMDKFORIEWUEIROTPWERLKLKDFLKLK
```

3. Aufgabe

Da diese Übung etwas schwerer ist, ein Tip: das gesuchte
Wort beginnt in der ersten Zeile.

```
WEORPODLOLKWEROWERPOWEIRPOWIEA
ÖLSKDFSDALÖWEKRÖLWEKRLÖKSDFLÖK
ÖLKKKKRDFCPFEIRJASDFALSKDFJKAL
SDJFLÖLÖLHGPERÜLSKDRLKERLLKWEE
RLKLLLOFLRKGPEÜWERISDLSKERLSKL
LKWERLKLWEKREPSDOFPSDOFPOSDFPS
DOFPOPOPOPOPPPSÖASDFPWEROISADL
WOERPDKRLEKSLEÄCOLTKWPRODJRKES
LDÖRLEÖDPBWKELRCSODPFJEKWLERKD
LERKELDKRLEWÖDLRKVOWIEURIAPREO
SIEORPDOWÖPRMGLEOTHOWPERIFUDKE
KSELRKLEKLRKWPEROSRSWPDOFGUTIQ
KDLRÖSPERODUGFIWEROÄBOEIWKERNS
OEPROISKEJRKWERDORPGGQPCÜUEISE
MRKDOWLROYURIWOEROFPPEHPVÜÜGRO
DFMTORPQÜRUEIDORFCPRORRWORPDÜR
```

4. Aufgabe

```
DORIWODPRUFIRAPGOEKRLDLWÖRDROE
IROWPSBNDKRODMPROIGUWLDPWOERIT
USIDMEPGOEUWIPGOQUEIVPLAUEIRMS
IRODORBMYNDUGEILQPCIEURNORMDNE
SIRKWMPQÜRUMELDOGIQIVMOYPRUWIR
```

5. Aufgabe

```
AODPRISUGKEIRPWORITKFNTKEOWPRL
EKRNEKWORPDÜEURIGNQORIDLRPEREL
DOWIURUDNRJEKWPRODUTHEWNSKRNKR
PWOTPQÜRUDHEMLSOEIRUDNEJKWKRIE
GLRPWOERIDUERNCJEKROWPERIRKDLQ
NRKDORIRUTQPTCIEURIDOREMFAÄGPE
RIDKRPWURTUGIEODRFJEKRIDPTKRPW
```

6. Aufgabe

```
ZURODIWURPDIFUGZHQOEPRKDURZGNE
KJRUSIEPRÜDIGUBMSKEORPWIRUDNRK
ELSIEURZÜNDSCHLÜSSELROWRUDZBUI
EPWIRIDURZBKSPWORUGZDJENRKDURZ
```

7. Aufgabe

```
QUDIRPOWORIDURZFERIWRNDKRUWZRO
EIRUDIFUWERNDJRKEWPRÜOTIDURMER
APDORIEUFZDUENSMEORPWÜEIRUNAEA
LDPRODIRUDZUBBNEKWORPDIRUFZEND
TUEBOWPRITUEZGHENVORIOEUSRMUTM
UEGPRIEURZUCHENQUEIDORPFÜOIERU
TOEPRIGUTZEHENYLROEPSIEURRPTOT
KDOEPROSIEUTHGNQIEORPDÜRIDUFHT
ROEPWOEIRUDUZVNBHGKEOSPEORIFJE
GLROEPWORIDUFHBNVHRUEISOEPRORR
```

8. Aufgabe

OFURIEKSIROEPWRODIRJDKFLROEIWR
UDKFIRUEIWORPGÜRUGHBNRJEKWORDI
SORIEUDIFSTRAFMANDATOEPRÜTUGZR
UEISOERIDUFNXMVKFIROEPWORIDUFM
RKDOEPWIRUDZRUEIWORPTORIDURZGU
WIRODIRUEOISORIEUGZRIUEOWIRUFC

9. Aufgabe

QUEIRODKRJSKERLKRIDOWPERÜDOWIR
UDIROEIWURDKRJEAKRODPEIURUWZRU
SODPROIFURDIRKERDNEJRKWIRODPRO
EIWURIDORIDURMDDWKELROSIAOEORP
DORIFODPEUQIEORAKSLDOFPEORIDUW
ZFNDMEKSORPDOEINEKWLEORPDOWIER
UDRMEKWLEORPTOEWDKRLORIEUWIROD
PRODIRUEZSUDEOREFLROEPWOERIDUR
ZENDMRKEIWORPDOLRKDOEPRIWURIDR
MEKWOEPRIDURENWLKLOIZUIPVHJUIO
IUZUUZUZUIIPCHZEÄLVORLEUWZRIDO

10. Aufgabe

BSQIEIURUDIRODPROWIEURIDURZGUE
IRWORÜDPROFIEUJDKFJWHERUDZWTRZ
DREWLEORPDORUEUWEZRUDIWUERZDUR
RPOMWHRJDIROEPWÜGHEJWUIRLDIRUD
RKELSRLDORPEPWÜRODIRZBNFHJEKWR
ROEPWPRIEUQZEUDIRODPEÜWPRRODUZ
WIGUEZEDORPDÜFIEUWZQIEURZDUEKD
HJFGKTIEAKHJGUIEOWPEÜRIDURUEZW
PGIEURIDULMNJGHRIEOWPRUTZDURIE

Nun können Sie testen, wieviel die Übungen aus den vorigen Kapiteln Ihnen schon gebracht haben.

135

Übung: Hier sind fünf vierstellige Telefonnummern. Die lernen Sie bitte auswendig. Danach kommt eine kleine Übung, und bei der werden Sie ständig durch wichtige Anrufe gestört.

Paul hat die Nummer 2713.
Renate hat die Nummer 1217.
Ernst kriegen Sie unter 9212.
Willi hat die Nummer 4592.
Sabine hat die Nummer 6510.

Welche Eselsbrücke Sie sich suchen, ist egal; Sie haben inzwischen schon eine Menge davon kennengelernt. Vielleicht ist Sabine 65 Jahre alt, hat aber einen zehnjährigen Sohn? Oder Paul ist verheiratet (2), ist einer der sieben Zwerge (7), fährt einen Einbaum (1) und hat Drillinge (3)? Es wird Ihnen schon was einfallen. Hauptsache, Sie wissen, wie man Paul, Renate, Ernst und Sabine erreicht.
Nun kommen fünf kleine Übungen.

1. Aufgabe
Ersetzen Sie jeweils die fehlenden Buchstaben in den folgenden Sätzen.

GEHIRNJ . GGEN VER . ÄNGERT . HR L . . . N

. IE BRAU. HEN . IEL B . . . GUNG

NIC . TS . ST IH . . N . U . CHWER

. LLE . IS . MACH . AR

Bitte nennen Sie nun die Telefonnummer von Sabine.

2. Aufgabe
Sie finden hier fünf Sprichwörter, in denen jeweils ein Wort falsch ist. Kreisen Sie's ein.

Wenn der Truthahn kräht auf dem Mist, ändert sich's Wetter, oder es bleibt, wie's ist.

Wer rastet, der hüpft.

Ein guter Hahn wird selten rostig.

Eile mit Hast.

Trautes Heim, Glück ade.

Bitte rufen Sie nun, ohne hinzusehen, Paul an.

3. Aufgabe
Sie sehen hier fünf Zahlenreihen. Hinter jeder steckt ein System. Ergänzen Sie die Reihe.

2,4,6,8, . . .
1,2,4,7,11, . . .
9,6,3, . . .
11,22,33,44, . . .
2,4,16,256, . . .

Wählen Sie nun, ohne hinzusehen, Renates Nummer.

4. Aufgabe
Sie können Ihr Gehirnprogramm unterstützen, indem Sie Ihrem Körper was Gutes antun. Zwei der folgenden fünf Begriffe sind allerdings völlig daneben. Die kreisen Sie ein.

Alkohol. Vitamine. Knoblauch. Zigaretten. Sport treiben.

Jetzt rufen Sie bitte Ernst an.

5. Aufgabe
Hier wieder ein kleiner Buchstabenblock, in dem ein Satz versteckt ist, der mit Ihrer derzeitigen Tätigkeit zu tun hat. Das Wort geht links oben mit dem ersten Buchstaben los,

und die weiteren Buchstaben finden Sie nach einem ganz
einfachen System – Sie müssen immer dieselbe Anzahl von
Buchstaben durchstreichen, um den nächsten richtigen zu
finden. Streichen Sie die störenden Buchstaben durch.

```
GKROEKGLHKRPILAKRMBNNKDLIOZPOP
FIGLQPGIBMIPALNMXNGUROMBKEADOE
CKJPHOQPTDKWSKHJPQUSAOGJSGKNSE
```

Und jetzt – Willi anrufen.

22 Jeder Tag ein Erfolg

Wer immer gute Laune hat, der hat auch ein gutes Gedächtnis. Das fanden österreichische Psychologen bei einem Test mit 90 Studenten heraus. Eine Gruppe wurde mit einem lustigen Trickfilm in gute Laune versetzt, die andere hörte ernsthafte Musik. Dann sahen sich alle Studenten denselben Werbespot an.

Die Gruppe mit der guten Laune erinnerte sich später an bedeutend mehr Einzelheiten aus dem Werbespot. Damit wurde die These untermauert, daß Menschen mit positiver Grundeinstellung, mit Lebensfreude und Spaß eine bessere Merkfähigkeit haben als andere.

Spaß kann man nicht verordnen; der eine ist halt lustig, der andere neigt eher zur Depression. Der Hamburger Psychotherapeut Peter Kampmann hat aber herausgefunden, daß sich in den ersten zwanzig Minuten des Tages entscheidet, ob es ein fröhlicher – oder ein wehleidiger Tag wird.

»In den Minuten nach dem Aufwachen ist das Gehirn am aufnahmebereitesten«, erklärt er. »Wer bis zum letzten Moment im Bett bleibt und dann schlaftrunken durch die Wohnung tappt, der stellt schon mal die Weichen für einen mißmutigen Tag.«

Besser, so der Psychotherapeut: »Ganz bewußt morgens an etwas Schönes denken. Ruhig fünf Minuten im Bett fernsehen. Den Kaffee schon abends vorbereiten und mit einer Zeitschaltuhr versehen, so daß einem gleich beim Aufwachen der frische Duft in die Nase steigt. Die Denksport-Übung vom letzten Tag in Gedanken noch einmal durchgehen. Einen kleinen Reim erfinden. Vielleicht das Motto für den Tag. Dann erst aus dem Bett und sofort eine kalte Dusche – das bringt die richtige Power, und das Denken fällt einem dann auch viel leichter.«

US-Wissenschaftler fanden übrigens heraus, daß sich der Kaffee morgens ganz gut durch Kaugummi ersetzen läßt; das Kauen weckt das Gehirn schneller auf als Koffein.

Wenn Sie dann gefrühstückt haben und sich an den Schreibtisch setzen, dann achten Sie unbedingt auf Ihre Sitzhaltung. Dr. Fritz Scherl vom Chabot College in Kalifornien hat festgestellt, daß Ihr Gehirn bei krummem Sitzen 30mal mehr Sauerstoff braucht, als wenn Sie gerade sitzen. Die Blut-Zirkulation wird abgeklemmt; Sie werden unkonzentriert und vergeßlich.

Lexikon-Lesen ist so ungefähr das Beste, was Sie Ihrem Gehirn antun können. Mal ganz von den geistigen Anregungen abgesehen, die Sie dabei bekommen – die konzentrierte Beschäftigung mit einem kleinen, überschaubaren Fachwissen sorgt zusätzlich für eine besonders gute Hirn-Durchblutung. Also greifen Sie mal wieder zum Brockhaus.

Eine Untersuchung an der Russischen Akademie der Wissenschaften ergab, daß schon drei gelernte Vokabeln täglich die Kapazität des Gehirns spürbar erweitern. Und in Amerika wird neuerdings das »life-long-learning«, das lebenslange Lernen propagiert. Dort holen immer mehr Leute mit 30 oder 40 höhere Schulabschlüsse nach. Auch bei uns sieht man an den Unis so manchen Rentner – teils als Gasthörer, teils ganz normal als Student eingeschrieben.

Wenn Sie diese Möglichkeit haben, dann sollten Sie sie unbedingt nutzen. Ein Freiberufler, Mitte 40, der sich seine Zeit selbst einteilen kann und nebenbei seit zwei Semestern in Hamburg Jura studiert, berichtet:

»Es ist unglaublich, wie viele Anregungen man in den Vorlesungen bekommt. Ich habe vor 20 Jahren schon mal mit Jura angefangen, aber damals war ich noch zu jung, fand die Materie trocken und fad. Es sagte mir einfach nichts. Ebenso wie ich damals sitzen die jungen Leute heute in den Hörsälen herum — mit ziemlich leerem Blick und einem Gesichtsausdruck, der Desinteresse zeigt. Vielleicht muß man erst älter werden und ein bißchen Lebenserfahrung mitbringen, um sich für akademische Fächer wirklich zu interessieren.«

Dieser Freiberufler fing mit dem Studium an, um zu testen, »ob er das noch packe«. Die Fragestellung ist ja legitim; schließlich läßt die Merkfähigkeit zwischen 20 und 40 schon ganz beträchtlich nach.

Seine Erfahrung nach den ersten Monaten: »Ich muß mich ungeheuer konzentrieren, aber es macht riesigen Spaß.«

Zur Nachahmung empfohlen. Solange Sie Ihr Gehirn aber noch nicht an der Uni schulen, legen Sie bitte noch eine Reihe von Übungen ein.

Sie finden in den folgenden Kapiteln Denksportaufgaben, die sich besonders gut für die Wochen nach der Lektüre dieses Buches eignen. Da Sie das Grundprogramm (hoffentlich) sorgfältig durchgearbeitet haben, können Sie diese Übungen ruhig in wahlloser Reihenfolge machen — schwere und einfache sind bunt gemischt, so daß Sie zwischendurch immer wieder Erfolgserlebnisse haben werden.

23 Sie können Gesetze lesen und mit Ärzten diskutieren

Sie finden hier fünf schwer zu verstehende juristische Kurztexte. Sie brauchen den Inhalt nicht komplett zu begreifen. Sie müssen ihn aber wenigstens so gründlich »inhalieren«, daß Sie den Text danach abdecken und einige Kernfragen aus dem Kopf beantworten können. Danach dürfen Sie das Ganze dann wieder vergessen. Also langsam lesen – genau hinhören – und stellen Sie sich bei allem, was Sie lesen, eine Szene vor, die Ihnen die Fakten bildlich sichtbar macht.

Man nennt das »Visualisieren« eines Begriffes. Manche Leute können lernen, soviel sie wollen – sie behalten nur wenig davon, aber sie sind von äußerster Merkfähigkeit, wenn sie das Gelernte in ein Bild umsetzen.

Übung: Wenn Sie im ersten Beispiel gleich etwas von einer Generalversammlung lesen, dann stellen Sie sich den ehrwürdigen Kreis der ergrauten Herren vor, die da um einen großen ovalen Tisch herumsitzen. Vermutlich fallen Ihnen die beiden Antworten dann viel leichter. Nun die Texte – dabei können Sie gleich nachvollziehen, mit was für verquasten Sätzen sich der angehende Jurist aus dem vorigen Kapitel nun herumschlagen muß!

1. »Ist eine Genossenschaft durch Beschluß der Generalversammlung oder durch Zeitablauf aufgelöst worden, so

kann die Generalversammlung, solange noch nicht mit der Verteilung des nach Berichtigung der Schulden verbleibenden Vermögens der Genossenschaft unter die Genossen begonnen ist, die Fortsetzung der Genossenschaft beschließen; der Beschluß bedarf einer Mehrheit, die mindestens drei Viertel der abgegebenen Stimmen umfaßt; das Statut kann außer dieser Mehrheit noch andere Erfordernisse aufstellen.«

Jetzt bitte den Text abdecken und die folgenden Fragen mit Ihren eigenen Worten beantworten.
a) Wenn eine Genossenschaft aufgelöst worden ist: Was kann die Generalversammlung dann beschließen?
b) Wie groß muß die Mehrheit für diesen Beschluß sein?

2. »Den Gläubigern der übertragenen Gesellschaft ist, wenn sie sich binnen sechs Monaten nach der Bekanntmachung der Eintragung der Verschmelzung in das Handelsregister des Sitzes der übertragenden Gesellschaft zu diesem Zweck melden, Sicherheit zu leisten, soweit sie nicht Befriedigung verlangen können.« Und abdecken!

a) Was können die Gläubiger verlangen, die sich nach der Eintragung ins Handelsregister gemeldet haben?
b) In welchem Zeitraum müssen die Gläubiger sich gemeldet haben?

3. »Wer es im geschäftlichen Verkehr selbst oder durch andere unternimmt, Nichtkaufleute zur Abnahme von Waren, gewerblichen Leistungen oder Rechten durch das Versprechen zu veranlassen, ihnen besondere Vorteile für den Fall zu gewähren, daß sie andere zum Abschluß gleichartiger Geschäfte veranlassen, denen ihrerseits nach der Art dieser Werbung derartige Vorteile für eine entsprechende Werbung weiterer Abnehmer gewährt werden sol-

len, wird mit Freiheitsstrafe bis zu zwei Jahren oder mit Geldstrafe bestraft.« Und abdecken!

a) Wie nennt man das Verkaufssystem, das hier unter Strafe gestellt wird, im Volksmund?
b) Wie lange dauert die höchste in dieser Vorschrift angedrohte Freiheitsstrafe?

4. »Wer in der Geschäftsfähigkeit beschränkt ist, kann einen Ehevertrag nur mit Zustimmung seines gesetzlichen Vertreters schließen; dies gilt auch für einen Betreuten, soweit für diese Angelegenheit ein Einwilligungsvorbehalt angeordnet ist; ist der gesetzliche Vertreter ein Vormund oder Betreuer, so ist außer der Zustimmung des gesetzlichen Vertreters die Genehmigung des Vormundschaftsgerichts erforderlich, wenn der Ausgleich des Zugewinns ausgeschlossen oder eingeschränkt oder wenn Gütergemeinschaft vereinbart oder aufgehoben wird.« Und abdecken!

a) Wenn Ihr Schwiegersohn einen amtlichen Vormund hat und bei der Heirat mit Ihrer Tochter einen Ehevertrag mit Gütertrennung abschließen möchte: Wer muß außer dem Vormund noch zustimmen?
b) Der Text nennt zwei mögliche gesetzliche Vertreter. Nämlich: den Vormund – und den...?

5. »Ist der Verschollene nicht in dem Zeitpunkt verstorben, der als Zeitpunkt des Todes festgestellt worden ist, so kann jeder, der ein rechtliches Interesse an der Feststellung einer anderen Todeszeit hat, die Änderung der Feststellung beantragen, wenn die Tatsache, aus der sich die Unrichtigkeit der Feststellung ergibt, ihm ohne sein Verschulden erst bekannt geworden ist, als er sie in dem Aufgebotsverfahren nicht mehr geltend machen konnte.« Und abdecken!

a) Wer kann die Änderung der Feststellung der Todeszeit eines Verschollenen beantragen?

b) Wie heißt das Verfahren, nach dem der Todeszeitpunkt eines Verschollenen von Amts wegen festgestellt wird?

Da Sie beim Gehirnjoggen viel bewußter lesen, als wenn Sie ein x-beliebiges Buch vor sich haben, dürfte Ihnen eben bewußt geworden sein: Ihr Gehirn hat Ähnlichkeit mit einem zwar intelligenten, aber stinkfaulen Kind.

Es könnte sich zwar einige Minuten zwingen, einen fremden Sachverhalt, der überhaupt nicht spannend und lustig ist, aufzunehmen und zur Not sogar auswendig zu lernen. Dazu ist es theoretisch in der Lage.

Aber das Gehirn sperrt sich. Es guckt sozusagen ständig aus dem Fenster und bohrt in der Nase. Immer wieder will es ausweichen und abschweifen. Die Sachverhalte, die Sie eben sorgfältig gelesen haben, sind bei näherem Hinsehen eigentlich ganz leicht zu begreifen. Sie müssen Ihr Gehirn nur *zwingen*, sich damit zu beschäftigen – dann zieht es erst unwillig, dann immer besser mit.

Worum ging es im ersten Fall? Um eine Genossenschaft; das kann zum Beispiel eine Wohnungsbaugesellschaft sein. Der komplizierte Satz besagte nur, daß man das Erbe einer Genossenschaft mit Dreiviertelmehrheit noch ein wenig hinauszögern kann – aber nur, wenn das Vermögen der Genossenschaft noch nicht verteilt worden ist.

So formuliert, hätten Sie den Satz natürlich sofort begriffen. Ihr Gehirn lernt nun nach und nach, sich von geschraubtem Juristen-Chinesisch nicht verwirren zu lassen, sondern nach dem Kernsatz zu fragen und den mit eigenen Worten wiederzugeben.

Vermutlich reizt das auch viele ältere Leute, nochmal die Schulbank zu drücken: Erst mit der geballten Kraft ihrer Lebenserfahrung sind sie in der Lage, die Dinge auf den Punkt zu bringen und wissenschaftliches Gefasel mutig ins Deutsche zu übersetzen. Das haben sie vielen jungen Leuten voraus, die voller Ehrfurcht am Buchstaben kleben und meinen: Nur wer unverständlich formuliert, wird ein guter Akademiker.

Im zweiten Beispiel geht es um zwei Gesellschaften, die miteinander verschmelzen. Der Haken an dem Satz steckt in der Mitte – da, wo es um den Sitz des Handelsgerichtes geht. Wer das formulierte, der hat in Deutsch eine Fünf verdient. Und vielleicht sind Sie auch in diesem Satz den verbalen Tücken auf den Leim gegangen, anstatt Wichtiges von Unwichtigem zu trennen und den Sinn herauszuschälen.

Eigentlich wird doch nur gesagt, daß sich die Gläubiger der einen Gesellschaft, also alle, die noch Geld von ihr kriegen, rechtzeitig melden müssen, und dann haben sie – wenn nichts zu holen ist – Anspruch auf eine Sicherheit. Und wieder: Das Wesentliche erkennen – herausschälen (abstrahieren) – in einen neuen Zusammenhang stellen oder verständlich umformulieren.

Das dritte Beispiel umschreibt auf geradezu genial konfuse Art, wie ein Schneeballsystem funktioniert. Bei solchen Bandwurmsätzen muß man sorgfältig den Faden behalten, sonst reißt er, und man versteht nur noch Bahnhof. Am schnellsten kommt man damit zurecht, wenn man den Hauptsatz laut und die Nebensätze erstmal nur leise vorliest. Dann nimmt man den ersten Nebensatz laut dazu, danach Haupt- und zwei Nebensätze usw.

Bis man »ach so« sagt und sich wundert, daß man das nicht gleich kapiert hat.

Beispiel 4 dürfte Ihnen schon viel leichter gefallen sein – das ist das erste Trainingsergebnis. Sicherlich haben Sie spontan verstanden, um was es geht: um Leute, die aus irgendwelchen Gründen in ihrer Geschäftsfähigkeit beschränkt sind; vielleicht, weil sie an einer dauerhaften Störung ihrer Geistestätigkeit leiden.

Der Verfasser dieses Gesetzestextes hat sich auch nicht mehr Mühe als die anderen vier gegeben, klares Deutsch zu schreiben. Aber Sie haben ihn doch schneller verstanden.

Beispiel 5: Da ist nun jemand verschollen und irgendwann für tot erklärt worden. Ein Jahr später meldet sich jemand, der (vielleicht wegen der Rentenansprüche) ein Interesse daran hat, daß das Todesdatum korrigiert wird. Er kann nichts dafür, daß er sich jetzt erst meldet. Und schon — muß das Datum berichtigt werden.

Auch nicht schwer zu verstehen, wenn man die juristische Art zu formulieren erst mal verstanden hat.

Weltmeister im »Undeutsch«-Sprechen sind bekanntlich die Ärzte. Aus irgendwelchen Gründen können sich manche überhaupt niemals klar ausdrücken, sondern sie gebrauchen sogar dann die abenteuerlichsten Fremdworte, wenn sie einem nur Guten Abend und Gute Besserung wünschen. Versuchen Sie mal, einen Arztbericht zu entziffern, der von einem Doktor an den nächsten geschickt wird. Oder lassen Sie sich mal die Krankheit eines Verwandten erklären.

Auch hier hilft Gehirnjogging. Weil es selbstbewußt macht. Wenn Sie erst einmal den Respekt vor unverständlichem Kauderwelsch verloren haben und wenn Sie wissen, daß Sie — wenn auch medizinischer Laie — doch durchaus nicht doof sind, dann werden Sie sich auch trauen, den Doktor auf klares Deutsch festzunageln.

An Hand der juristischen Textübungen (Sie sollten sich dringend Gesetze besorgen und in Eigenregie versuchen, sie zu verstehen!) lernen Sie noch etwas – systematisches Denken.

Ein Satz ist wie ein Haus. Er besteht im simpelsten Fall aus Fundament, vier Wänden und Dach – nämlich aus Subjekt, Objekt, Prädikat. Einen solchen Satz zu verstehen, ist nicht schwer; in diesem Haus findet sich jeder zurecht.

Nun gibt es aber auch verwinkelte Häuser; und manche sind wie verwunschene Schlösser. Sie haben Seitentrakte und Erker, Geheimtüren, Keller und Boden.

Wenn Sie so ein Haus betreten (so einen Satz vor sich haben), dann können Sie entweder blind hindurch laufen, bis sie den Ausgang wiederfinden – begriffen haben Sie dann nichts. (So wird es Ihnen beim ersten Lesen der Gesetzestexte vielleicht auch ergangen sein.)

Sie können aber auch erstmal nach Fundament, vier Außenwänden und Dach suchen. Sich einprägen, wo die sind. Und dann das Gemäuer Schritt für Schritt erkunden, bis Sie sich darin zu Hause fühlen.

Das nennt man »systematisches Denken«, und es ist das wichtigste, hilfreichste und schönste Lernergebnis des Gehirntrainings.

24 Sie lernen spielend Sprachen

Keine Frage, daß Gehirnjogger im Ausland besser zurechtkommen als Normalbürger. Sie können sich Vokabeln einfach besser merken.

Wenn Sie allein schon nach den Übungen, die in diesem
Buch stehen, Ihre leicht angerosteten Sprachkenntnisse
mal wieder überprüfen, wenn Sie mal wieder ein Wörter-
buch zur Hand nehmen und ganz bescheiden mit drei
neuen Vokabeln pro Tag anfangen, dann werden Sie ganz
schnell feststellen, daß Ihnen Vokabellernen jetzt leichter
fällt als früher.

Nach und nach werden Sie – unbewußt! – die Regeln des
Gehirnjoggings aufs Vokabellernen übertragen. Ihr Gehirn
wird sich Eselsbrücken bauen. Und tatsächlich haben ja
viele englische, spanische, französische, italienische Wörter einen ganz ähnlichen Klang wie deutsche.

Übung: Sie finden hier 30 englisch-deutsche Eselsbrük-
ken von A bis F, die sich geradezu anbieten. Es ist
sogar eine Eselsbrücke für »Eselsbrücke« dabei.
Die Beispiele sollen Sie nicht gleich auswendig
lernen, nur durchlesen. Greifen Sie danach zu einem Lexikon und versuchen Sie es selbst. Das
machen Sie nach Möglichkeit ab jetzt jeden Tag.
Bis zum nächsten Urlaub sind Sie perfekt!

Amt   office
(Eselsbrücke: offiziell)

Anfall   attack
(Eselsbrücke: Attacke)

Anwalt   lawyer
(Eselsbrücke: Law and Order)

Apotheke   chemist's shop
(Eselsbrücke: Chemie)

Ausweis   identity card
(Eselsbrücke: Identität)

begehbar   passable
(Eselsbrücke: Paß in den Bergen)

bescheinigen   certify
(Eselsbrücke: Zertifikat)

Beschlagnahme   confiscation
(Eselsbrücke: konfiszieren)

beschwichtigen   appease
(Eselsbrücke: peace (Friede))

Besprechung   discussion
(Eselsbrücke: Diskussion)

Besuch   visit
(Eselsbrücke: Visite)

bieten   offer
(Eselsbrücke: Offerte)

Boden   ground
(Eselsbrücke: Grund und Boden)

braten	roast
(Eselsbrücke: Roastbeef)	

Brett	board
(Eselsbrücke: Regalbord)	

Darm	gut
(Eselsbrücke: gute Verdauung)	

Dose	tin
(Eselsbrücke: da ist was drin)	

Draht	wire
(Eselsbrücke: Kontakt zum Stacheldraht = o weia)	

Eifer	zeal
(Eselsbrücke: eifrig zum Ziel)	

Eilfertigkeit	rashness
(Eselsbrücke: rasch)	

einatmen	inhale
(Eselsbrücke: inhalieren)	

einladen	invite
(Eselsbrücke: Gast von weit her)	

Elend	misery
(Eselsbrücke: Misere)	

erscheinen	appear
(Eselsbrücke: Käpt'n erscheint am Pier)	

Eselsbrücke:	crib
(Eselsbrücke: es kribbelt, bis man eine gefunden hat)	

fade	stale
(Eselsbrücke: Stahl schmeckt fad)	

fähig   able
(Eselsbrücke: Kain war fähig, Abel zu töten)

Fahrverbot   driving ban
(Eselsbrücke: Bannstrahl vom Amt)

Fels   rock
(Eselsbrücke: Rocky Mountains)

Fenster   window
(Eselsbrücke: Wind heult am Fenster)

25 So frischen Sie Ihr Gedächtnis auf

Die nächste Übung haben Sie in ähnlicher Form – und zum
Teil sogar noch schwieriger – schon hinter sich. Gehirnjogging erfordert aber, daß man auch die Übungen von gestern immer wieder mal auffrischt. Sie steigern hier Ihre
Konzentration und die Geschwindigkeit des Denkprozes-
ses.

Übung: Links steht ein Wort, rechts eine Buchstabenreihe. In der ist das Wort versteckt. Kreisen Sie es
so schnell wie möglich ein.

```
FREUDE    ABORUDZFREUDEPWO
BAU       HOFKTLERKWLDBAUR
LEID      PSODIGFUERILEIDF
GLÜCK     WOGLÜCKRUEIWORPD
EHE       WPERODEHEURIEHOR
SAAT      SAAPTORIESAATOPR
BAUM      WPRODUGZBAUMRIEW
FREI      PWORIFRDOFREFREI
LANG      WORKLANGIRUEPWOR
KURZ      KURODPRIKURZWORD
GELB      WPROGNGKGELBPROE
QUELLE    WPRODIQUELLEAUUQ
BAUCH     PRODUDHGUBAUCHRP
MUT       MUMUMUTTMUORKEPR
WEIZEN    WEIZEMWEIZENRPDO
KORN      KOGRKORKORNWPROD
```

```
KORKEN    KORKEKORKENKORKE
MENSCH    WPRODIUGMENSCHMR
TEIL      TPDIRUTEILWOPRID
GANZ      RPGOEIRUDGANZWEO
ROT       WPROROODROTRPEO
BLAU      WPEORIDIBIAUFURI
GELB      GELGELBGELLEGGEL
GRÜN      WORIDUGRÜNEIWORI
MANN      MANAMAORIDURMANN
FRAU      WPRODIRUFRAUEIRU
KIND      WORIUDKRIEOKINDO
BLASS     BLASALASSBIASSLR
BRAUN     BRAUMBRUABRAUNBR
HOLZ      SPEORIUDHOLZRIEO
SONNE     WORIDUSONNEOWIRU
MOND      WORIDUMONDIRUEZW
STERN     WWPRSTERSTERNMOR
```

Kreisen Sie nun die Zahlenreihe von links möglichst rasch auf der rechten Seite ein.

```
457    59284745729485748
132    49504938132857489
746    20493840591857467
098    08956470984612389
193    20574839681938495
224    22422922322758491
357    49584732843953578
921    58473659328749219
734    27485940734827123
354    35483920384756453
823    11938478828248238
926    59403948576718926
154    63785761548392039
```

645	49382758446452948
999	99899948379989943
587	39581748392058748
312	49385734829312920
824	49385782465710293
288	49386284828879054
833	42958338475483923
925	75918749258372637
710	59483748594837710
925	85741925847382910
735	49382735948304958
018	59430069503080180
577	58457475774039283
641	69486418293867476
812	81349588128394057
413	50493846728394139
928	57584739282574019
613	64839261305948394
714	95847384950714047
900	00900918400594390
514	95483945149584930
843	58473843928374832
715	50493871574839485
954	95847382934857954
876	59843748593876847
121	95847367812178943
835	48392835867102938
449	48372448449059483
936	59483759365849283
122	93847561222746384
934	39485793465718293
834	95847383475849320
534	03495835348237483

Bei dieser Übung müssen Sie die Beschreibung einer Skizze zunächst einmal gedanklich ins Optische umsetzen. Das strengt schon mal ganz schön an.

Danach müssen Sie die Skizze, die Sie sich mit Gedankenkraft vorstellen können, aufs Papier bringen. Und dann müssen Sie noch eine logische Denkaufgabe lösen.

Übung: Stellen Sie sich bitte im Kopf einen Kreis vor. Einen schlichten Kreis. Dieser Kreis wird von oben nach unten von einer senkrechten Linie durchteilt, die oben und unten ein Stück über die Kreislinie hinausragt. Der Kreis wird also von der Linie mitten durchgeschnitten; sie führt geradewegs durch den Kreismittelpunkt.

Und nun stellen Sie sich zwei gleichschenklige Dreiecke vor. Sie kommen von rechts und links auf den Kreis zu und stoßen ebenfalls im Kreismittelpunkt mit den Spitzen aufeinander. Diese beiden Dreiecke ragen nach rechts und links über die Kreislinie hinaus.

Sie haben nun also den Kreis im Kopf, die Linie und die beiden Dreiecke, die ein bißchen wie Schmetterlingsflügel aussehen und sich – und die senkrechte Linie – in der Mitte des Kreises treffen.

Nun malen Sie diese Skizze bitte auf ein Stück Papier, ohne auf den Text dieser Seite zu sehen.

Alles gemalt? Einen Kreis, eine senkrechte Linie, die oben und unten aus dem Kreis herausragt, und zwei große Dreiecke, die über die Kreislinie hinausragen und sich im Kreismittelpunkt mit den Spitzen berühren?

Wunderbar. Nun die Logik-Aufgabe.

Zeichnen Sie alles noch einmal. Aber setzen Sie den Stift dabei niemals ab! Und: Sie dürfen über eine bereits gemalte Linie nicht ein zweites Mal hinweg malen!

Sie müssen also gut überlegen, bevor Sie anfangen. (Vorsicht, unten steht die Auflösung.) Sie müssen Ihre Skizze betrachten und die Augen zum Zeichenstift machen. Wenn ich da anfange, komme ich nach da... Von dort nach dort, aber dann...

Um es vorweg zu sagen: Es gibt sogar mehrere Lösungsmöglichkeiten. Eine wäre – und nun, Achtung, kommt die Auflösung:

Beginnen Sie am oberen Ende der senkrechten Linie und fahren Sie mit dem Stift ein kleines Stück nach unten, bis der Stift den Kreis trifft. Dort biegen Sie nach rechts ab und zeichnen die Kreislinie einmal rundherum, bis Sie oben wieder auf die senkrechte Linie stoßen. Nun biegen Sie nach unten ab, verlängern die senkrechte Linie also – bis zum Kreismittelpunkt. Halt! Wieder abbiegen; diesmal nach schräg links oben; Sie zeichnen nun den oberen Schenkel des linken Dreiecks. Von dessen Winkel aus senkrecht nach unten – da entsteht schon das linke Dreieck –, und von unten diagonal nach rechts oben, durch den ganzen Kreis hindurch, bis zur rechten oberen Ecke des rechten Dreiecks. Wieder senkrecht nach unten und schräg links aufwärts bis zum Mittelpunkt des Kreises.

So, Sie haben's, jetzt fehlt nur noch die untere Hälfte der senkrechten Linie, und die zeichnen Sie jetzt zum Abschluß vom Kreismittelpunkt aus.

Verblüffend, nicht wahr? Probieren Sie andere Lösungsmöglichkeiten aus!

Übung: In der nächsten Übung finden Sie zwei Worte, die in einer Wortreihe versteckt sind. Bitte so schnell wie möglich einkreisen.

PFUNDE – WEG
RUTIDOWOEITURIEPFUNDEIWOTWEGKR

LIEBE – KUMMER
HJWORLZPTOLIEBEKWURKDORKKUMMER

GESUND – NATUR
GODIWURGESUNDKRKNATURNATIRPOWO

ROT – BUCHE
ROTPGFOQIDORISPBORÜDURIEBUCHEW

MEISTER – WERK
QEÜRPOWERKGMEISNEIOWORDMEISTER

GNADE – LOS
GNADPROGNADELWORIDLOLORLDSWLOS

SUPER – REICH
BOEUSUPEBEICDGURIWPSUPERPREICH

HEFT – KLAMMER
KLAMMERPRODIWURHEFTWPROKLAMMER

KNOBLAUCH – GUT
BLWIRUDKNOBLAUCKNOBLAUCHGPRGUT

WEIN – WEIB
WEIVROWIGUDKWNRISWEIHOWEINWEIB

NOTIZ – BUCH
WORIDUENOTISNOTIZGJDBUCWBUCHWP

FERNE – SEHEN
FERNFERNEOWPRODSEHENRKDPWORISE

26 So schärfen Sie Ihren Blick

Jetzt lernen Ihre Augen, schneller als bisher zwischen verschiedenen Begriffen hin- und herzuflitzen. Langeweile kann dabei nicht aufkommen, weil Sie sich viel zu sehr konzentrieren müssen. Stoppen Sie wieder die Zeit – es geht um Sekunden.

Übung: Sie finden hier jeweils drei Begriffe. Zwei haben einen Kennbuchstaben. Einer hat keinen. Fangen Sie mit dem ohne Kennbuchstaben an und suchen Sie unter den beiden anderen jeweils das Wort heraus, das zu ihm paßt. Das kreisen Sie rasch ein.

B LEINE

A HAKEN   ANGEL

B KOHLE

SONNE   A SCHEIN

B KISSEN

STEMPEL   A LAMPE

A LEINE   HUND

B KALENDER

BAUM   B HOF

A BLATT

A KLINGEL B HUPE

FAHRRAD

A NOTEN KLAVIER

B LINOLEUM

WANDERN A RUCKSACK

B ÄRGER

A EINSTAND

B ELFMETER

FUSSBALL

RAUCHEN

A KREBS

B FITNESS

A SCHNULLER

KIND

B LENKRAD

TELEFON A SÄGEMEHL

B HÖRER

A KUH B INDUSTRIE

BAUER

B ROSEN GARTEN

B KOHLE

A SCHECKS B EISEN

BANK

A BIER

B AMPEL KNEIPE

FLIEGEN	B PILOT
A MILCH	

A SEKTGLAS	B PUPPE
KINDERZIMMER	

BÜRO	B FLIESSBAND
A SEKRETÄRIN	

A LAUFSTEG	B TEPPICH
MODENSCHAU	

SOMMER	A SKILAUFEN
B HITZE	

A SKILAUFEN	WINTER
B HITZE	

A APFEL	B EISENBAHN
ERNTE	

B FILM	A ELEFANT
KINO	

Übung: Als nächstes prägen Sie sich bitte die folgenden Wetter-Meldungen ein. Lesen Sie die Texte mehrfach durch. Es ist nicht schwer, sie für einen Moment zu behalten.

Berlin, heiter, 20 Grad.
Leipzig, Regen, 18 Grad.
Dresden, sonnig, 19 Grad.
Köln, bedeckt, 17 Grad.

Decken Sie die vier Wettermeldungen jetzt bitte ab und beantworten Sie die folgenden Fragen.

1.) Wie viele Städte kamen in den Meldungen vor?
2.) Wie hießen die Städte?
3.) In welcher Stadt ist es am wärmsten?
4.) In welcher Stadt ist es am kältesten?
5.) In welcher Stadt scheint die Sonne?
6.) In welcher Stadt regnet es?

Bitte beantworten Sie diese Fragen in einer halben — und in einer vollen Stunde noch einmal. Ohne auf die Wettermeldungen zu gucken, wohlgemerkt.

Übung: Nun vier Suchmeldungen, die Sie wieder für kurze Zeit auswendig lernen sollen. Gesucht wird:

Elfriede, 81, braunes Kopftuch, Sandalen, aus der Gegend von Köln.

Paul, 7, gelbe Shorts, Rucksack, an der Ostsee mit Fahrrad unterwegs.

Sabine, 17, trampt durch Frankreich, blond, abgewetzte Jeanshosen.

Und Manfred, 37, grüner Lodenmantel, blauer Hut, trägt eine Geldkassette bei sich.

Bitte die Fragen wieder spontan, nach 30 und 60 Minuten beantworten.

1.) Wer ist der oder die älteste Gesuchte?
2.) Wie viele Personen werden gesucht?
3.) In welcher Gegend wird die ältere Dame ver-
mißt?
4.) Was trägt Manfred bei sich?
5.) Woran erkannt man den kleinen Jungen, und
wie heißt er?
6.) In welchem Land ist das Mädchen unterwegs,
und was für eine Hose hat es an?

Gehirnjogging hat eine merkwürdige Eigenschaft: Man tut
ihm leicht unrecht. Ihre Familie wird sich bestimmt wundern, wenn Sie in einer Stunde in Ihrem Gedächtnis verzweifelt nach der Personenbeschreibung einer über 80jäh-
rigen fahnden oder versuchen, sich an den Wetterbericht
aus Köln zu erinnern.
Besonders gemein ist es, wenn man am Morgen danach
die Denkaufgabe vom Vorabend einfach nicht mehr aus
dem Kopf herausbekommt. Wie sah der 37jährige doch
noch aus?
Und dann flucht man über die dämlichen Aufgaben und
fragt sich, ob man eigentlich nichts Besseres zu tun hat.
Aber gerade weil viele Gehirnübungen so einfach sind, so
holzgeschnitzt und fast stupide, trainieren sie das Gesamt-
hirn so gut. Hier ist kein Spezialwissen gefragt, keine analy-
tische Denkfähigkeit wird vorausgesetzt, auch Ihr Bil-
dungsniveau ist egal. Die Übungen sind für Sie, den Uni-
professor und den ungelernten Arbeiter gleichermaßen
wertvoll. Und alle drei haben was davon.
Das beste, was Ihnen passieren kann, wäre ein kleiner
Club von Schnelldenkern in Ihrer nächsten Nähe. Einige
Nachbarn vielleicht. Der Biertisch. Das Kaffeekränzchen,
bei dem bisher Tupperware verkauft wurde. Handeln Sie

lieber mit Denksportaufgaben. Denn dann können Sie erst richtig aktiv werden – Aufgaben, die man selbst erfunden hat, mag man hinterher nicht lösen; man kennt sie ja schon.

Aber was sich Ihr Nachbar an tüfteligen Gemeinheiten ausdenkt, das wird Sie reizen, und Sie können sich bei ihm grausam rächen. Es wird sich übrigens kaum ein Staatsanwalt dafür interessieren, wenn Sie ein echtes Glücksspiel draus machen und der jeweils schnellste Denker des Abends eine schnelle Mark mit seiner Geisteskraft machen kann.

Vergessen Sie nachher bitte nicht, Ihre Übungen mit dem Wetterbericht und der Personensuchmeldung zu wiederholen.

27 Entscheidungsschnell wie ein Flugkapitän

Blitzartig Entscheidungen treffen, und zwar mit schlaf-wandlerischer Sicherheit immer die richtigen. Sich über-haupt eine Entscheidung zutrauen. Im Notfall auch mal ins Risiko gehen und lieber einen Fehler machen, als gar nichts tun. Das sind die Fähigkeiten von Führungskräften. Von Leuten, denen man Verantwortung übergibt.
Sie können noch gar nicht wissen, ob diese Fähigkeiten nicht auch in Ihnen schlummern. Es spielt so vieles mit bei der Frage, was aus einem Menschen wird. Das Elternhaus. Dann war's bei vielen der Krieg, der Chancen verbaute. Weist die Startbahn erstmal in die falsche Richtung, läßt sich der Kurs lange Jahre nicht korrigieren.
Manche schaffen's spät, manche nie, doch jeder von uns wüßte gern: Was steckt in mir? Was hätte – unter anderen Bedingungen – aus mir noch werden können? Hätte ich zum Beispiel das Zeug zum Chefarzt oder zum Flugkapitän?

Übung: Sie dürfen bei der folgenden Übung keinesfalls zögern. Nicht mal den Bruchteil einer Sekunde. In festem Rhythmus muß Ihr Stift diejenigen Begriffe von links und rechts verbinden, die zusammen-passen. Pro Block sind es vier Striche. Strich, Strich, Strich, Strich – Strich, Strich, Strich, Strich. Keine Sekunde Bedenkzeit! Allerdings auch keine übertriebene Hast! Pro Sekunde zwei Striche, das reicht vollkommen. Aber – nicht zögern.

Schreiben Sie sich selbst solche Blöcke auf. Für jeden Strich, den Sie im Rhythmus machen, gibt es einen Punkt. Für jeden Fehler gibt es einen Punktabzug.

Wenn Sie Ihre selbst geschriebenen Übungen kopieren, können Sie das auch mit mehreren spielen, und da werden Sie dann erhebliche Vorteile haben — weil Sie ja schon eine Weile Ihr Gehirn auf Schnelligkeit trainieren. Also los; wir verlangen jetzt genau dieselben Eigenschaften von Ihnen, die ein Flugkapitän haben muß. Treffsicherheit bei der Entscheidung. Welcher Begriff von links muß mit welchem Begriff von rechts verbunden werden?

DRAMA	BAUER
WELLE	EICHE
LINDE	WIND
ACKER	THEATER

KALENDER	ANSCHLUSS
TELEFON	PRICKELN
SEKTGLAS	DATUM
STERN	MOND

MOTOR	KREIDE
FLASCHE	GARTEN
HARKE	ZÜNDKERZE
TAFEL	KORKEN

MOPED	GRIFF
HUND	HELM
FENSTER	ZEIGER
UHR	FUTTER

FEUER	KUSS
WASSER	TRÄNEN
LIEBE	ASCHE
LEID	TROPFEN
BRIEF	ZANGE
MÖBEL	ROT
WERKZEUG	STUHL
FARBE	UMSCHLAG
EI	STEAK
RIND	TROPEN
ANANAS	HUHN
GLÜHWEIN	WINTER
SPIELEN	SCHLAFEN
LERNEN	ARBEIT
NACHTSCHICHT	SCHULBUCH
RUHE	BALL
SOFA	PRINZESSIN
SPRACHE	INSEL
SCHLOSS	ENGLISCH
SEE	KISSEN
KRANK	SCHLAFEN
LACHEN	KUMMER
WEINEN	ARZT
TRÄUMEN	WITZ
URLAUB	SÜSS
AKTEN	VERREISEN
HERZ	ARTERIE
VANILLEEIS	PAPIER

HART	SCHOTTE
WEICH	MOZART
DUDELSACK	STAHL
GEIGE	WATTE
ERDBEEREN	SCHLOSS
SCHREIBTISCH	WIND
CABRIO	EINKOCHEN
SCHLÜSSEL	BÜRO
PINSEL	MALER
HOBEL	KOCH
LÖFFEL	NAGEL
HAMMER	TISCHLER
WIESE	LANDEN
AUTOBAHN	FÖRSTER
WALD	BLUME
FLUGPLATZ	RASEN
PULLOVER	REGEN
BIKINI	SOMMER
REGENSCHIRM	SCHLAFEN
NACHTHEMD	KÄLTE

Übung: Sie lesen nun einen Text der Gesellschaft für Gehirntraining, den Sie bestimmt gut finden werden. Lesen Sie ihn so schnell wie möglich durch und streichen Sie dabei alle großen und kleinen R an, die im Text vorkommen (außer das R in 45 natürlich).

»Denken Sie daran – es ist nie zu spät! Selbst völlig unsportliche Menschen, die den Entschluß fassen, etwas für ihren Körper zu tun, können schon nach kurzer Zeit beträchtliche Erfolge verbuchen. Nehmen wir z. B. eine 45jährige Frau, die es nach einer Woche Waldlauf schafft, eine halbe Stunde ohne Pause durchzulaufen. Und das, obwohl sie zuvor keinerlei sportlicher Betätigung nachging. Ebenso ist es bei Ihren geistigen Leistungen. Wichtig ist nur, einen Anfangspunkt zu setzen und den Willen zu haben, durchzuhalten. Nur zehn Minuten täglich genügen, um Ihre optimale geistige Leistungsfähigkeit zu erhalten oder sogar zu verbessern. Es kommt ohnehin der Punkt, an dem Sie Gehirntraining nur deshalb machen, weil es Ihnen einfach Spaß macht.«

Übung: Soweit der Text, den Sie auf lauter R durchforsten sollen. Wir machen jetzt wieder eine schnelle Abdeck-Übung: Zahlen etwa eine Sekunde ansehen – abdecken – und in dem Zahlenblock darunter genau diese Zahlenkombination anstreichen.

18

1	2	1	4	1	9	5
	6	3	7	3	8	3	7

63
  72

52	43	62	82	63
76	91	71	61	72

62
  81

61	92	72	62	72
72	73	54	81	91

523
    763

152   523   153   826
    629   763   628   43

385
    927

823   835   385   23
    627   279   927   450

1837
    4927

1837   4283   7656
    4927   5194   7245

9283
    6928

6928   9283   9238
    5493   6928   9628

17
  33

17   17   17   17   33
  32   34   33   35   17

28 Warum Knoblauch
Sie noch schlauer macht

Mehrmals versprochen, und Sie warten wahrscheinlich schon drauf – hier ist es: das Kapitel über die richtige Ernährung für Gehirnjogger.

Bevor wir anfangen, müssen Sie eins wissen: Eine spezielle Diät, die Ihr Gehirn klüger macht, gibt es nicht. Wer Ihnen das erzählt, der lügt.

Ihr Gehirn braucht genau dieselben Mengen an Vitaminen, Mineralien und Kohlehydraten wie Herz, Lunge, Leber auch.

Rauchen und zuviel Alkohol schädigen alle Organe, auch das Gehirn. Der erste Tip ist deshalb banal: Leben Sie gesund, dann haben Sie noch lange was vom Leben.

Essen Sie aber ständig zu fett, kriegt Ihr Körper zu wenig oder unregelmäßig Vitamine, dann sollten Sie sich kein zweites Gehirnjogging-Buch mehr kaufen – es könnte für die Lektüre schon zu spät sein.

Es gibt nur eines, was Sie als Gehirnjogger für Ihre grauen Zellen unbedingt tun sollten. Nur einen einzigen guten Rat. Und der heißt: Nehmen Sie regelmäßig Knoblauch zu sich.

Über Knoblauch und seine segensreiche Wirkung haben Sie wahrscheinlich schon viel gelesen (aus der Reihe der Herbig Gesundheitsratgeber gibt es dazu extra das Buch »Gesund mit Knoblauch« von Leo Sillner).

Knoblauch hat eine unendlich spannende Geschichte. Wußten Sie zum Beispiel, daß sich der alte Pharao Tutenchamun eine Knoblauchknolle ins Grab legen ließ, als Wegzehrung für die Reise ins Jenseits?

Daß Herodes von ägyptischen Sklaven berichtet, die in Streik traten, wenn sie ihre tägliche Knoblauchration nicht kriegten?

Alfons XI. von Kastilien haßte Knoblauch, vermutlich, weil es in natürlicher Form nicht gerade duftet, und in Pillenform gab's Knoblauch damals noch nicht. Alfons gründete 1330 einen Ritterorden, dessen Gelübde aus lebenslangem Knoblauchverzicht bestand.

Das haben Mücken mit ihm gemeinsam. Sie hassen Knoblauch auch. Wenn Sie sich den ganzen Körper mit einer frischen Knolle einreiben, dann werden Sie garantiert nicht gestochen. Aber auch nicht geküßt.

Ohne Knoblauch würde es die Cheops-Pyramide nicht geben. Die Pharaonen verfütterten unglaubliche Mengen an die Arbeiter; nach heutiger Währung gaben sie dafür umgerechnet 7,5 Millionen Mark aus — dann stand das Bauwerk.

Knoblauch ist die geheimnisvollste Zwiebel der Welt. Sie hat ungefähr 200 verschiedene Bestandteile. Bis heute weiß niemand ganz genau, welche davon eigentlich so gesund sind. Warum Knoblauch aber gerade fürs Gehirn so gut ist, darüber gibt es jetzt ganz neue Erkenntnisse; wir kommen gleich drauf zurück.

Rekapitulieren wir noch mal, warum so viele Menschen im Alter schlapp und vergeßlich werden und dramatisch abbauen. Das ist zuallererst eine Frage der Durchblutung des Gehirns.

Das Blut fließt durch die Arterien ins Hirn. Es transportiert den Sauerstoff. Machen wir uns das an Hand eines plastischen Beispiels mal ganz deutlich.

Stellen Sie sich vor, irgendwo am Ufer eines breiten Flusses steht eine große Fabrik. Diese Fabrik stellt Gedanken her. Es ist Ihr Gehirn.

Was die Fabrik zur Produktion braucht, das kommt auf dem Wasserwege angeschwommen. Es ist die Energie, aus der Gedanken entstehen. Dieser Wasserweg ist – natürlich der Blutstrom, also die Arterie.

Ohne Sauerstoff kann die Fabrik nicht arbeiten. Andere Zufahrtswege gibt es nicht. Wenn jemand den Fluß also dichtmacht, dann ruht die Arbeit, es wird kein einziger Gedanke mehr produziert.

So dramatisch kommt das natürlich nur einmal im Leben vor, nämlich im letzten Moment vor dem Tod. Ein Gehirn ganz ohne Sauerstoff – das bedeutet den totalen Exitus.

Aber es muß ja nicht ganz so schlimm kommen. Wenn jemand den großen Fluß nur verengt, wenn von rechts und links dicke Felsen ins Wasser hineinragen, wenn deshalb immer nur ein kleines Schiff zur Zeit den Weg durch den Engpaß schafft – dann kommt zu wenig Sauerstoff in der Denkfabrik an. Dann wird zwar noch gedacht, aber eben langsamer. Weniger. Schwerfälliger.

Und träge hockt der Mensch vorm Fernseher und wundert sich, daß er nicht mal mehr die Tagesschau begreift.

Nun sehen wir uns diese Felsen, die da links und rechts vom Ufer ins Wasser hineinragen und den Schiffsverkehr beeinträchtigen, mal genauer an. Woraus bestehen die, und: Warum schwemmt der Körper sie nicht einfach weg? Natürlich wissen Sie, was Cholesterin ist. Sie wissen auch, daß es zwei verschiedene Arten von Cholesterin gibt. Ein gutes – und ein schädliches.

Von dem guten brauchen wir hier nicht zu reden. Uns interessiert nur das schlimme, das LDL-Cholesterin genannt wird.

LDL-Cholesterin gibt es überall im Körper. LDL schwimmt

durch die Beinarterien ebenso wie durch den Bauch. LDL ist immer da. Es ist an sich übrigens ganz harmlos und neigt überhaupt nicht dazu, sich irgendwo wie ein Fels festzusetzen.

Um im Bild zu bleiben: LDL schwimmt wie Kieselsteine durchs Flußbett und bräuchte uns gar nicht zu stören.

Nun gibt es auf dem großen Fluß aber Störenfriede, die Tag und Nacht Ausschau nach diesem LDL halten. Es sind die »Flußterroristen«. Man nennt sie in der medizinischen Fachsprache die »freien Radikale«.

Vielleicht kommt Ihnen das Beispiel nun langsam doch ein wenig simpel vor; kann es denn sein, daß sich das komplizierte System unseres Organismus mit dem Treiben auf einem schiffbaren Fluß vergleichen läßt?

Ja, genau so ist es. In den schwierigsten Fachaufsätzen, die von medizinischen Zeitschriften veröffentlicht werden, geht es um nichts anderes als nur um die Frage, wie man den Schiffsverkehr auf dem »Strom namens Blut« in Gang halten kann. Daran arbeiten Forscher in Moskau und München, in Leningrad und in Los Angeles.

Die »freien Radikale« also lauern aufs schädliche LDL-Cholesterin und greifen es an. Sie zerstören die äußeren Strukturen. Und plötzlich – setzt sich das Cholesterin fest. Erst ist es nur ein kaum sichtbarer Rand am Ufer des Stromes. Dann, nach ein paar Wochen, sieht man schon eine kleine Einbuchtung. Sie wächst und wächst. Auf der anderen Seite des Ufers geschieht das gleiche. Träge fließt das Blut und immer träger. Es sieht plötzlich auch viel dickflüssiger aus, und das ist es auch. Das Hirn schreit nach Sauerstoff. Der Mensch, dem es gehört, hat gerade eine schwere Aufgabe vor sich, die kreatives Denken erfordert und alle drei Gedächtnisspeicher gleichzeitig! Hochkonjunktur für die grauen Zellen!

Aber es kommt und kommt nicht genug Sauerstoff da oben an; immer wieder muß die Produktion gedrosselt werden, und die riesigen Antennen des Organismus (die Ohren) fangen schon die ersten kritischen Signale auf: »Na ja, der ist halt auch nicht mehr so fit wie früher«, wird da getuschelt, »er wird halt alt«, »der konnte sich früher auch schon mal besser konzentrieren.«

Dabei ist die Qualität der Denkfabrik noch genauso gut wie früher. Nur – sie kriegt nicht mehr genug Energie.

Knoblauch ist der ärgste Feind der »freien Radikale«. Knoblauch sorgt dafür, daß das schädliche Cholesterin wieder harmlos durch die Flußlandschaft schwimmt.

Knoblauchmangel könnte die Antwort auf Ihre Frage sein, warum Ihnen die eine oder andere Übung in diesem Buch so viele Schwierigkeiten macht.

Es sind wirklich aufsehenerregende Forschungsergebnisse, die es in den letzten Monaten aus Amerika, Rußland, Griechenland und Deutschland gegeben hat. Zum erstenmal können Wissenschaftler erklären, warum Knoblauch der Arterienverkalkung – und um nichts anderes handelt es sich ja, wenn der Fluß zuwächst – entgegenwirkt.

Professor Dr. Kourounakis von der Universität in Thessaloniki hat im Experiment nachgewiesen, wie Knoblauch die »Vergiftung« des Cholesterins durch die freien Radikale (in der Medizinsprache heißt es Lipidperoxidation) hemmt. Prof. Orekhov von der Universität Moskau meldet fast zeitgleich, daß die Arterienzellen unter Knoblauch-Einfluß weniger Fett aufnehmen, sich langsamer teilen und die Entwicklung von Arteriosklerose dadurch verlangsamt wird. Kleineres Infarkt-Risiko – seltener Schlaganfall – und schnelleres Denken sind die Folge.

Zwei deutsche Arbeitsgruppen untersuchten ebenfalls die Wirkung von Knoblauch auf die »freien Radikale«.

Dr. Franke von der Universität Marburg konnte zeigen, daß die regelmäßige Einnahme von Knoblauch-Dragees zu einer Verminderung der Bildung von »freien Radikalen« führt. Prof. Dr. Siegers von der Uni Lübeck hat das Ergebnis der Marburger Untersuchung kurz vor Erscheinen dieses Buches bestätigt.

Übrigens sind die »freien Radikale« nicht die einzigen Übeltäter im Blutstrom. Um ein anderes Beispiel zu benutzen: In der Rauschgiftszene gibt es ja nicht nur die Kleindealer und die Konsumenten, denen das Handwerk gelegt werden muß. Sondern es gibt immer auch die Großdealer, die mit sauberem Kragen im Hintergrund sitzen und an die man nur schwer herankommt.

Solche Drahtzieher gibt es auch im kriminellen Geschäft auf unserem Blutstrom. Es sind die »Freßzellen«. Gegen die ist ein »freier Radikal« nur ein kleiner Fisch. Die Freßzellen, Monozyten genannt, erzeugen die »freien Radikale« nämlich erst – sie gucken sozusagen hämisch grinsend zu, wie die »freien Radikale« das Cholesterin angreifen –, und dann fressen sie das umgewandelte (Ärzte sagen »ranzige«) Cholesterin und pappen es an die Wand des Blutgefäßes.

Wenn Sie also demnächst in der Zeitung mal wieder lesen, wie gefährlich das falsche Cholesterin ist: Irgendwie tut man ihm damit unrecht. Das Cholesterin ist nur das Opfer; die Hintermänner sind die »freien Radikale« und die Freßzellen. Knoblauch räumt unter den Freßzellen auf und legt ihnen das Handwerk, so viel steht jetzt fest. Prof. Dr. Harris von der Universität in Kansas ließ eine Gruppe von Freiwilligen zwei Wochen lang ein Knoblauchpulver-Präparat aus Deutschland schlucken. Das LDL dieser Patienten wurde erheblich weniger ranzig als das einer Testgruppe, die nur ein Scheinpräparat bekommen hatte.

Halten wir also fest, und bei so vielen Untersuchungen von unabhängigen Universitäts-Professoren kann es keinen Zweifel mehr geben: Knoblauch sorgt für eine anständige Durchblutung des Gehirns und somit für eine Steigerung der Denkfähigkeit. Es macht das frei in der Blutbahn zirkulierende LDL widerstandsfähig gegen die »freien Radikale«, und die Freßzellen gucken in die Röhre.

Da Sie ja nun schon eine ganze Weile gehirnjoggen, können Sie das gleiche vielleicht sogar schon im Fachchinesisch verstehen. Ein interessantes Experiment. Die Frage ist jetzt: Sind Sie bereits gehirntechnisch so gut drauf, daß Sie sich mit einem Arzt in seiner Sprache unterhalten könnten?

Übung: Nachdem Sie die Wechselwirkung von Cholesterin und Knoblauch eben laienhaft erklärt bekommen haben — erst mit dem Fluß-Beispiel, dann noch mal mit den Drogenhändlern —, lesen Sie das gleiche jetzt noch einmal ohne Rücksicht auf Ihre Intelligenz und Aufnahmefähigkeit. Sie haben jetzt die Aufgabe, mit dem folgenden Text fertig zu werden. Wenden Sie dabei alles an, was Sie in diesem Buch schon gelernt haben. Lesen Sie langsam und zur Not laut. Betonen Sie die Hauptsätze und lassen Sie die Nebensätze beim ersten Lesen weg. Lesen Sie über keinen Satzteil hinweg, den Sie nicht begriffen haben. Und wiederholen Sie, was Sie lesen, mit Ihren eigenen Worten!

Zwar kommen einige neue Fremdworte in dem Prüftext vor; aber Sie werden schon begreifen, was damit gemeint ist.

Hier ist der Text; wir haben ihn in einer griechischen Ärztezeitschrift gefunden. Es handelt sich nämlich um die Übersetzung eines Untersuchungsberichtes des weltbekannten »Institute of Pharmaceutical Chemistry« an der Universität von Thessaloniki.

»Bei der Arteriosklerose-Erkrankung spielt die Wechselwirkung zwischen Gefäßzellwand (insbesondere Endothelzellen, glatte Muskelzellen und Makrophagen) mit den Blutfetten (LDL-Cholesterin) eine besondere Rolle. Die Aufnahme und Akkumulation von LDL-Cholesterin in die Gefäßwandzellen ist allerdings erst möglich, wenn das LDL durch freie Radikale oxidiert – also angegriffen – wurde (Lipidperoxidation).

Oxidiertes LDL führt einerseits zur toxischen Schädigung von Endothelzellen, andererseits zur Umwandlung von glatten Muskelzellen in sogenannte Schaumzellen.

Diese Schaumzellen entwickeln sich weiter zu Fettstreifen (fatty streaks) und atherotischen Plaques.

Professor Kourounakis hat die Wirkung von Knoblauchpulver auf die Lipidperoxidation untersucht. Bei der Prüfung der antioxidativen Aktivität zeigte sich, daß Knoblauchpulver eine Hemmung der Lipidoxidation von bis zu 46 Prozent bewirkt...

Des weiteren wurde die Radikalfängereigenschaft von Knoblauchpulver durch Messung der Formaldehyd-Produktion überprüft. Knoblauch hemmte die Formaldehyd-Bildung signifikant. Auch andere freie Radikale konnten durch Interaktion mit Knoblauchpulver inaktiviert werden. Die Untersuchungen von Prof. Kourounakis beweisen, daß Knoblauchpulver eine antioxidative Wirkung aufweist; das LDL wird also langsamer ›ranzig‹. Knoblauch bietet somit einen zusätzlichen Gefäßschutz vor den schädlichen Wirkungen der freien Radikale.

Es kommt zu einer direkten Reduktion der Lipidperoxidation und damit zu einer Verminderung der Aufnahme von Blutfetten in die Gefäßwand, was die Entstehung oder Progression der Arteriosklerose positiv beeinflußt.

Freie Radikale werden darüber hinaus auch bei der Krebsentstehung und bei Alterungsprozessen als Wirkungsmechanismen diskutiert, so daß Erklärungsmöglichkeiten für das Thema Tumorhemmung vorliegen.«

Soweit der Text aus der Fachzeitschrift. Wohlgemerkt: Es ging nicht darum, daß Sie alle Fremdworte richtig verstanden haben. »Oxidation des LDL« bedeutet zum Beispiel nichts anderes, als daß das Cholesterin − von den freien Radikalen angegriffen − »ranzig« wird; das haben Sie bestimmt begriffen. Und der Rest − war für Sie doch bei langsamem Lesen durchaus nachvollziehbar, oder?

Testergebnis: Gehirnjogging gibt Ihnen die Möglichkeit, sich an Texte heranzuwagen, vor denen Ihnen früher gegraut hätte. Dies war der Beweis.

Heute werden so viele Präparate angeboten, die angeblich dem Alterungsprozeß der Zellen entgegenwirken, daß man jede neue Nachricht mit äußerster Skepsis aufnehmen und gegenchecken muß. Die einen wollen uns die X-Wurzel verkaufen und behaupten, daß es auf der ganzen Welt nichts Besseres gibt.

Die anderen geben Millionen für Werbung aus, um uns die Blätter vom Y-Baum schmackhaft zu machen. Wer die Kapseln aus diesen Blättern regelmäßig schluckt, der wird mindestens 110 und kann sogar danach noch fleißig Kinder zeugen. So hört sich das in der Werbung an.

Sie kennen vielleicht Kollegen oder Nachbarn, die irgendein Präparat für das Allerbeste halten und die Packung schon morgens auf dem Frühstückstisch stehen haben. Die

Leute rauchen und trinken, als wären sie unsterblich. Wenn man sie darauf anspricht, dann zeigen sie mit wissendem Lächeln auf ihre geliebte Pillenpackung und sagen: »Ja, mein Lieber, aber solange ich dies und das nehme und dazu noch zwei andere Präparate, kann mir gar nichts passieren. Dies weitet die Arterien, das bekämpft das Krebsrisiko, das hier nimmt mir den Kater, und das stimmt mich fröhlich. Und alles ganz harmlos und gesund – wieso nimmst du eigentlich gar nichts ein, bist du denn lebensmüde?«

Manchmal kriegt man den Eindruck, daß man vollkommen von gestern ist, wenn man ohne Pillen alt zu werden versucht.

Deshalb ist eine gesunde Skepsis bei allen Neuigkeiten aus der medizinischen Welt durchaus angebracht. Und deshalb haben wir uns mit den bisher geschilderten Untersuchungsergebnissen, die die heilsame Wirkung von Knoblauch betreffen, auch nicht zufriedengegeben, wenn sie auch von unabhängigen Wissenschaftlern stammten, die keinerlei Interesse daran haben, irgendeinen Konzern zu unterstützen.

Wir haben in Moskau nachgefragt, als von dort die Meldung kam: Sensationelle Erfolge im Kampf gegen die Alterskrankheit durch Knoblauch!

Man muß dazu wissen, daß die medizinische Welt immer aufhorcht, wenn ein seriöses Forschungsergebnis aus Moskau kommt. Das hat damit zu tun, daß westliche Wissenschaftler wesentlich seltener mit menschlichen Zellkulturen arbeiten, weil sie nämlich frisch aus den Blutgefäßen Verstorbener hergestellt werden müssen. Da spielt eine Menge Ethik mit hinein. Der Patient – bzw. seine Familie nach seinem Tod – müßte ja die schriftliche Einwilligung geben. In Rußland sieht man das offenbar nicht so eng. Von dort gibt es immer wieder erstaunliche Testergebnisse, die mit solchen frischen Zellkulturen erzielt wurden, während sich die wissenschaftlichen Kollegen im Westen hauptsächlich mit Zellkulturen von Ratte und Schwein zufriedengeben müssen.

Deshalb sind Forschungsergebnisse aus Moskau meistens besonders genau und haben in der Welt der Forscher ihren ganz besonderen Wert.

Übung: Vom Institute of Experimental Cardiology am National Cardiology Research Center in Moskau erreichte uns bei den Recherchen zu diesem Buch der folgende Bericht, den wir als Testaufgabe 2 hier abdrucken. Wiederum besteht Ihre Aufgabe darin, den – gar nicht mal so schwer zu verstehenden – Bericht zu verarbeiten und mit Ihren eigenen Worten wiederzugeben. Sollten Sie das schaffen (und Sie werden es schaffen), sind Sie ein »fortgeschrittener« Gehirnjogger, keine Frage.

Wenn Sie den Text gelesen und verstanden haben, zählen Sie ihn bitte in aller Eile wieder auf die Zahl der darin vorkommenden R (groß und klein geschrieben) durch; das muß ab und zu mal sein, so wie der Dauerlauf rund um den Kasernenhof zur Erhaltung der körperlichen Leistungsfähigkeit auch dann noch dienlich ist, wenn man schon das Leutnantsabzeichen trägt.

Hier also der Bericht aus Moskau.

»In der Frühphase der Arteriosklerose-Entstehung werden Blutfette von glatten Muskelzellen der Arterien aufgenommen und eingelagert, und es kommt zu einer vermehrten Zellteilung, wodurch eine fettreiche arteriosklerotische Lä-

181

sion entsteht. Ziel der Therapie ist es, die Einlagerung von Blutfetten in die Gefäßzellwand und die Teilung dieser Zellen zu vermindern.

Menschliche Muskelzellkulturen wurden mit Blutserum von Patienten mit Arteriosklerose inkubiert. Dadurch wurde eine Stimulation und eine vermehrte Einlagerung von freiem Cholesterin erzeugt. Durch Zugabe von Knoblauchpulver-Extrakt wurde eine Reduktion der Zellteilungsrate erreicht. Knoblauch vermindert auch den Anteil an freiem Cholesterin in den Zellen. Knoblauch bildet also einen erhöhten Gefäßschutz vor Arteriosklerose.«

Wenn Sie beim ersten Text noch Ihre liebe Mühe hatten, so werden Sie den zweiten schon viel leichter begriffen haben. Aber hat er was anderes ausgesagt?

Nein. Neu war allerdings, daß in Moskau mit menschlichen Zellkulturen und Blut von Patienten gearbeitet wurde und nicht ausschließlich im Reagenzglas oder mit Kulturen von Tieren. Schön für die Wissenschaft – und da die Sache gut ausgegangen ist, hat ja wohl auch niemand Schaden genommen.

Der wichtigste Unterschied zwischen dem ersten und dem zweiten Text besteht darin, daß sich Ihr Gehirn an die Art der Wissenschaftler, Sachverhalte auszudrücken, gewöhnt hat. Darum fiel Ihnen der zweite Text leichter.

Sie haben nun eine Menge über die segensreiche Wirkung von Knoblauch auf die Tätigkeit Ihres Gehirns gelernt. Aber vermutlich fragen Sie sich die ganze Zeit, was denn besser ist: dumm bleiben und gut riechen – oder fürchterlich stinken und unheimlich klug sein?

Gott sei Dank stehen wir heute nicht mehr vor der Alternative, sondern es geht beides: gut riechen – *und* klug sein.

Knoblauch gibt's als Pillen, die so gut wie nicht mehr riechen.

Ja, so mögen Sie jetzt einwenden, aber ist denn auch gut, was nicht stinkt? Entwickelt Knoblauch denn überhaupt seine Kraft, wenn es nicht aus dem Halse heraus riecht? Die Antwort heißt: Ja, in Pillenform ist Knoblauch sogar besser für Sie, als wenn Sie es frisch auf dem Markt kaufen. Das hängt ganz einfach damit zusammen, daß frischer Knoblauch seine Wirkung verliert, wenn er zu lange liegt. Außerdem müßten Sie unglaublich viel frischen Knoblauch essen, um den Tagesbedarf von vier Gramm zu dekken. Zwei ganze Zehen wären noch nicht mal annähernd so viel; legen Sie mal eine auf die Waage.

In Pulver- bzw. Pillenform haben Sie Ihren Tagesbedarf aber mit 600 bis 900 Milligramm Knoblauch-Pulver gedeckt. Sie müssen nur darauf achten, daß Sie sich für eine Marke entscheiden, die wirklich so viel bietet. Das sagt Ihnen am besten der Apotheker; es gibt da erhebliche Unterschiede – in einem Test der »Stiftung Warentest« schnitten z. B. nur fünf Präparate (von 18!) gut ab.

So, und nun ist es Zeit, ein Gedicht aus dem Kopf aufzusagen, das Sie vor gar nicht langer Zeit gelernt haben. Falls Sie es nicht mehr zusammenkriegen – macht nichts, nur sollten Sie dann unbedingt weiterüben. Es handelt von einem Herrn, der im Wald lebt und die Reichen beraubt, um den Armen zu helfen. Na . . . ?

(Nur, wenn Ihnen das gar nichts sagt, sollten Sie etwas stutzig werden und rasch mal auf Seite 130/131 zurückblättern. Haben Sie wirklich alle Übungen in diesem Buch sorgfältig gemacht?)

Schlußwort:
Jetzt sind Sie dran!

»Mit Worten läßt sich's trefflich streiten; von einem Wort kann man kein Jota streichen« – oder wie hieß das bei Goethe?

Dies ist nur ein Buch. Die Möglichkeiten eines Buches sind begrenzt. Jetzt, wo Sie alles gelesen haben, was Sie zum Gehirnjoggen brauchen, kommt es auf Sie und Ihren Elan an.

Wir haben für ein paar Tage das Steuer Ihres geistigen Autos übernommen und den Wagen auf die Siegerstraße gelenkt. In diesem Moment übernehmen Sie wieder das Steuer.

Wenn Sie dieses Buch jetzt ins Regal stellen, und wenn's das war – dann gerät Ihr Wagen blitzschnell ins Schlingern und kommt von der Fahrbahn ab. Sie finden sich dann schon nach wenigen Tagen auf ihrem alten, vertrauten, bequemen Weg wieder. Diese Entscheidung haben Sie jetzt, und wir können sie Ihnen nicht abnehmen.

Ehrlich gesagt, es wäre verständlich. Der Mensch neigt zur Trägheit. Sie haben etwas Interessantes gelesen, einen kleinen Ausflug auf die Siegerstraße gemacht, und sicher haben Sie auch davon profitiert. Aber sich die Mühe machen und wirklich weiter machen?

Anstrengend kommt von streng, und Sie müssen schon ganz schön streng zu sich sein, um auch morgen noch gehirnzujoggen.

Strenge haben wir aber schon als Kinder nicht geliebt. Wir

fanden Laxheit und Nachlässigkeit viel sympathischer. Und im Grunde haben wir uns seitdem nicht so wahnsinnig geändert.

Vollstes Verständnis also, wenn Sie jetzt die Nase voll haben von Aufgaben wie »Ri, Ro, Ru« und keinerlei Lust mehr, die Ziffernfolge 123 aus einem endlosen Ziffernblock herauszusuchen.

Übung: Ach, tun Sie's doch eben noch mal. Bitte die 123 einkreisen.

49238371248573482039485748395857483901329859403984123958493094584930945818473627484765937456987346512345987234652364781237584938475983475898749384758

Sie war sogar zweimal drin, oder noch öfter? Oder nur einmal? Oder was?

Aber Sie interessieren sich ja für solche Übungen nicht mehr. Sie haben vom Gehirnjogging genug. Sie werden wieder so leben wie bisher und nicht viel ans Alter denken, und im übrigen sind Sie doch ganz zufrieden mit Ihrer Intelligenz und damit auch bisher immer ganz gut durchgekommen.

Sie werden also künftig nicht mehr gehirnjoggen. Oder? Ihr Auto rollt auf der Siegerstraße, und Sie sitzen drin. Verreißen Sie jetzt das Steuer, dann sind Sie weg vom Fenster. So eine Chance kriegen Sie nie wieder.

Sie können in 10, 20, 30 Jahren mit leerem Blick im Doppelzimmer des Altenheimes hocken, oder Sie können in 10, 20, 30 Jahren noch was Neues, Spannendes, Aufregendes beginnen.

Das entscheiden Sie allein, und Sie entscheiden es nicht in 10, 20, 30 Jahren – sondern Sie entscheiden es *jetzt*.

Sie können in wenigen Jahren feststellen, daß Sie Ihr ganzes Leben unterfordert waren und dem Herrgott für Ihr schönes, erfülltes Alter danken, oder Sie können das TV-»Glücksrad« für eine geistige Herausforderung halten und dem Herrgott den lieben langen Tag stehlen.

Das entscheiden Sie nicht im Alter, sondern das entscheiden Sie *jetzt*.

Wissen Sie was? Es gibt eine Lebensuhr. Sie tickt und tickt und tickt und tickt. Manche Menschen hören die Uhr. Die meisten Menschen hören sie aber nicht.

Sie können die Lebensuhr nicht anhalten. Aber Sie können so leben, daß ab sofort jede Stunde doppelt so viel wert ist wie bisher.

Na – stellen Sie dieses Buch nun ins Regal, oder machen Sie weiter?

Im letzteren Fall: Willkommen im Club der Gehirnjogger.

Und wie wär's: Sehen wir uns mit 70 an der Uni?

Literaturhinweise

Fischer, Bernd und Siegfried Lehrl: »Gehirn-Jogging«, München: Mosaik Verlag 1992.

–: »Selber denken macht fit«, Ebersberg: VLESS Verlag 1994.

Freitag, Erhard F., und Gudrun Freitag: »Sag ja zu Deinem Leben«, München: Goldmann Verlag 1991.

Holler, Johannes R.: »Power für die grauen Zellen«, Wessobrunn: Integral Verlag 1993.

Loehr, James E.: »Persönliche Bestleistung durch Mentaltraining«, München: BLV Verlag 1991.

Norfolk, Donald: »Denken Sie sich gesund!«, Genf, Ariston Verlag 1992.

Schwartz, David J.: »Denken Sie groß!«, Genf, Ariston Verlag 1991.

Wegner, Daniel M.: »Die Spirale im Kopf«, Hamburg: Kabel Verlag 1992.

Weitere Infos und sehr gute Broschüren gibt es gegen Einsendung von 3,– DM in Briefmarken bei der

Gesellschaft für Gehirntraining e. V.
Postfach 14 20
85560 Ebersberg

Mitglieder bekommen die vierteljährlich erscheinende Zeitschrift »Geistig fit«. Der Jahresbeitrag beträgt zur Zeit 60,– DM.

Bitte beachten Sie
die folgenden Seiten

Hauke Brost

Herztraining

So verhüten Sie den
Herzinfarkt

Ullstein Buch 34963

Todesursache Nummer 1 sind
Herz- und Kreislauf-
erkrankungen. Dabei ist es
gar nicht so schwer, dem
Infarkt vorzubeugen. Man
muß wissen, was dem Herzen
nutzt und was ihm schadet.
Dieses Buch gibt konkrete
Tips. Von der richtigen
Ernährung bis zum Umgang
mit Streß, vom Joggen
bis zum raschen Erkennen
der ersten Warnsignale
des Herzens finden Sie alle
Informationen, die Sie
brauchen, um Herz und
Kreislauf fit zu halten.

Ratgeber

*Der Nach-
folgeband
zum
Kultbuch
»Jogging für
den Kopf«*

HAUKE BROST

Super-Jogging
für den Kopf

Sofortprogramm
für Profis

HERBIG

Herbig

Dieses Trainingsbuch
wurde für jeden geschrie-
ben, der mehr erreichen
will als andere.
Mit nur 15 Minuten
Übungszeit pro Tag kön-
nen Sie Ihre Denkfähig-
keit schon in wenigen
Wochen um 15 Prozent
steigern. Mit diesem Buch
ziehen Sie allen davon.